导游业务实训

周丽杰 周尊棉 / 主编

经济管理出版社
ECONOMY & MANAGEMENT PUBLISHING HOUSE

图书在版编目（CIP）数据

导游业务实训/周丽杰，周尊棉主编 . —北京：经济管理出版社，2018.9
（2022.8重印）
ISBN 978 - 7 - 5096 - 6010 - 2

Ⅰ.①导…　Ⅱ.①周…　②周…　Ⅲ.①导游—资格考试—自学参考资料
Ⅳ.①F590.63

中国版本图书馆 CIP 数据核字（2018）第 209487 号

组稿编辑：魏晨红
责任编辑：魏晨红　曹　魏
责任印制：黄章平
责任校对：张晓燕

出版发行：经济管理出版社
　　　　　（北京市海淀区北蜂窝 8 号中雅大厦 A 座 11 层　100038）
网　　　址：www. E - mp. com. cn
电　　　话：（010）51915602
印　　　刷：北京虎彩文化传播有限公司
经　　　销：新华书店
开　　　本：880mm×1230mm/32
印　　　张：6.375
字　　　数：206 千字
版　　　次：2018 年 9 月第 1 版　　2022 年 8 月第 2 次印刷
书　　　号：ISBN 978 - 7 - 5096 - 6010 - 2
定　　　价：38.00 元

编　委　会

前　言

近年来，我国旅游业飞速发展，旅游已经成为国人重要的生活方式之一。导游作为旅游产品的最终实现者，其服务工作在整个旅游服务工作中居于主导和支配地位，是旅游服务的灵魂。随着旅游者的旅游知识和经验越来越丰富，对导游服务质量的要求也越来越高。因此，培养具有高水平的优秀导游队伍成为我国旅游业发展的迫切需要，是我国职业旅游教育的重要任务之一。

《导游业务》课程是面向中职旅游服务与管理专业开设的必修课和主干课，属于专业核心技能课程，对培养学生职业技能和职业素养起到主要支撑和促进作用。《导游业务实训》则是在《导游业务》的基础上，强化了实践性、技能性，从导游工作的实际情况出发，结合职业培养目标及行业对应岗位的实际需求，采用项目导向、任务驱动的模式，实现理论与实践统一、教学做一体化。

本书体现了以下几个特点：

（1）教材理念上的创新。本书秉承"工作过程系统化"理念，以旅游市场需求为导向，以工作过程为主线，以"典型工作任务"为载体，以促进学生职业能力培养为目标，在市场调研、教学实践和借鉴相关教育教学成果的基础上编写而成。本书按照实际工作环节，分为接团服务准备实训，接站服务实训，入住酒店服务实训，参观游览服务实训，餐饮、娱乐、购物服务实训，送站服务实训，后续工作处理实训，导游服务常见事故处理实训八大项目，通过工作过程的步步深入，达到"做中学、做中教，教学做合一"的目的，符合学生的认知规律和行动习惯，贴近教学实际。

（2）本书体例上的创新。本书以项目、任务代替传统的章节，以实际工作过程为依据，一方面改变了传统的纯理论模式，让学生在情境中学习和训练；另一方面通过共同实施一个完整的任务进行教学活动，每个任务都以真实工作情境为切入点，学生可通过对知识链接的学习必须掌握的知识，然后教师布置任务，指导学生进行任务实施，学生通过组建团队、明确分工，共同完成任务，提高了团队合作意识和集体荣誉感。每个任务后面设有任务考核评价表，将任务中关键的知识点进行细化和量化，便于老师和同学进行考核和评比，整个任务完成过程具有很强的直观性与可操作性，使学生所学知识与行业发展同步并达到无缝接轨。

（3）教材内容丰富、图文并茂。传统教材都注重导游服务规范及技能知识的详细介绍，缺乏案例分析与技能训练，学生学习兴趣不浓。本书注重工作过程中知识的权威性、实用性与趣味性。学生可以根据本书内容进行情境设计、角色扮演，提高了学生的学习积极性和参与感。

（4）本书内容与"考证"内容相接轨。充分贯彻新标准关于职业资格证书与学历证书并重、职业资格证书制度与国家就业制度相衔接的文件精神，紧扣职业技能鉴定的内容和要求，以导游人员资格考试知识点为框架，兼顾素质培养与职业资格考试，适应岗位与可持续发展相结合。

本书工作体系完整，适合作为中等职业学校旅游服务与管理专业的教材，也可以作为旅游企业的培训教材。

本书在编写过程中借鉴了大量的相关教材、书籍、各院校网精品课程及其他教研成果，在此谨向相关作者表示敬意和衷心的感谢！同时，恳请广大读者对本书提出宝贵意见和建议，以便修订时加以完善。

目　录

项目一 接团服务准备实训

实训目标

（1）掌握普通话的基本发音，提高普通话语言能力。

（2）掌握导游服务礼仪，掌握仪容仪表在导游形象中的要求，掌握身体姿态礼仪。

情境描述

假设你刚刚从学校毕业，就作为一名导游进入一家旅行社工作。这一天，旅行社张经理告诉你 23 日将有一个"辽宁十日游"的旅游团到本溪旅游，旅行社作为地接社将为旅游团提供 2 天的导游服务，你将作为地陪导游员为游客提供地陪导游服务。

作为一名新晋导游，你对于接待游客还有些紧张，距离 23 日还有三天，你决定这三天要为即将开启的导游职业生涯做充分而全面的准备。

想一想：你需要做哪些接团前的准备工作？

任务一 普通话实训

任务描述

导游在工作中需要接待全国各地形形色色的游客。作为一名合格的导游，具备良好的普通话水平是最基本的要求。虽然你的普通话水平还不错，但是为了更好地为游客提供优质服务，你决定花点时间来练习一下普通话。

知识链接

一、音节和音素

音节是自然的语音单位，一个汉字就是一个音节（儿化韵例外）。音素是最小的语音单位，可分为元音和辅音。

二、声调

普通话有四个声调：阴平、阳平、上声、去声。
阳平：注意不要拐弯。
上声：在读单字时，不能读成半上，不能拐两次弯。

三、声母和韵母

声母是音节开头的辅音，韵母是音节中声母后面的部分。
（一）声母（21个）

表 1-1 声母

类别	字母
双唇音	b、p、m
唇齿音	f
舌面音	j、q、x
舌根音	g、k、h
舌尖前音	z、c、s
舌尖中音	d、t、n、l
舌尖根音	zh、ch、sh、r

n 又叫鼻音，l 又叫边音，z、c、s 又叫平舌音，zh、ch、sh、r 又叫翘舌音。

1. 鼻音与边音

无赖—无奈、水牛—水流、男裤—蓝裤、旅客—女客、脑子—老子。

连夜—年夜、留念—留恋、浓重—隆重、大娘—大梁、南部—蓝布。

n 发音时，舌尖抵住上齿龈，软腭下降，打开鼻腔通路，气流振动声带，从鼻腔通过。如"能耐""泥泞"的声母。l 发音时，舌尖抵住上齿龈，软腭上升，堵塞鼻腔通路，气流振动声带，从舌头两边通过。如"玲珑""嘹亮"的声母。

2. 平舌音与翘舌音

摘花—栽花、商业—桑叶、主力—阻力、木柴—木材、智力—自力。

山脚—三角、村庄—春装、小炒—小草、蔬菜—素菜、支援—资源。

（二）韵母（39 个）

表 1-2 韵母

类别		字母	举例
单韵母		a、o、e、i、u、ü、ê、-i（前）、-i（后）、er（儿化韵）	分清 i—ü：下雨—所以、区域—会议、预见—意见、通讯—通信
复韵母	前响	ai、ei、ao、ou	ai 白菜、海带、买卖　ei 配备、北美、黑莓　ao 高潮、报道、吵闹　ou 后楼、收购、漏斗
	后响	ia、ie、ua、uo、üe	ia 加价、假牙、压下　ie 结业、贴切、翅趄　ua 花褂、桂花　uo 过错、活捉、阔绰　üe 雀跃、决绝
	中响	uai、uei、iao、iou	uai 摔坏、外快　uei 退回、归队　iao 巧妙、小鸟、教条　iou 优秀、求救、牛油

续表

类别	字母	举例
鼻韵母	（1）an、en、uan、ian、uen、in、un、üan （2）ang、eng、uang、iang、ueng、ing、ong、iong	（1）分辨 en—eng：陈旧—成就、深沉—生成、深耕—生根、分针—风筝 （2）分辨 in—ing：亲近—清静、红心—红星、人名—人民、信服—幸福 （3）分辨 an—ang：女篮—女郎、烂漫—浪漫、反问—访问、担心—当心

任务布置

一、任务名称

普通话发音实训。

二、任务准备

1. 场地准备
实训教室。
2. 物品准备
笔、扩音器、学习卡片、实训报告书、白板笔、胶水、照相机、麦克风、U 盘、彩笔等。
3. 学生团队组建
请在规定时间内（5 分钟）自行组建 6 个学习小组，每组 6~8 人，给小组命名，并推选出小组长。

学习小组成员

组名	
组长姓名	
组员姓名	

任务实施

一、实训流程

以小组为单位,分别进行普通话实训,并为实训的同学拍照,实训结束后,将照片上传至信息化教学平台,展示实训成果。

二、方法与步骤

学生分组,在教师指导下,进行以下普通话语音训练。

（一）按普通话四声的调值念下面的音节

表1-3 音节实训

一 姨 乙 艺	yī yí yǐ yì
辉 回 毁 惠	huī huí huǐ huì
风 冯 讽 奉	fēng féng fěng fèng
飞 肥 匪 费	fēi féi fěi fèi
通 同 桶 痛	tōng tóng tǒng tòng
只 直 纸 至	zhī zhí zhǐ zhì
鸡 急 几 寄	jī jí jǐ jì
迂 于 雨 遇	yū yú yǔ yù

（二）单字词语综合训练

1. 读单字（限时3分钟）

表1-4 单字阅读实训

镍涩习宽狗迈吻驴恽氏（姓氏）	坏嘣墨慌由人子播润藏（躲藏）
瞥救闩逛学付均抵荫俩（咱俩）	蝉寸嘭领心涌亏罚司券（债券）
姊初砣篇却捐磷郑爷哄（起哄）	抓病秦面煮患饶欧纫揣（怀揣）
饿翁贼箭夺酱夸舜鳃相（相机）	则兄二梗跪掉枕榍石（石板）
蹙标痛港丢框掐宋啪那（口语音）	名枣痣防次窝惨溺挨（挨打）
	褪（褪去冬衣）

2. 读词语（限时 3 分钟）

表 1-5　词语阅读实训

送信儿　咖啡　扭搭　沙漠　哈尼族　按期　实用　贫困　喷嚏　昂扬　交流　平反　榫头　独特　蠢笨　肆虐　沉冤　月份　酌量　号召　萌芽　鲜花　奶嘴　判定　上座儿　搜寻　蛐蛐儿　接洽　仍然　拐弯　白菜　冠军　总得　熊猫　萝卜　策略　走味儿　培植　快乐　软骨　鄙薄　物价　因此　调和　而且　往常　机床　生日

（三）绕口令练习

表 1-6　绕口令实训

绕口令实训一	峰上有蜂，峰上蜂飞蜂蜇凤；风中有凤，风中蜂飞凤斗蜂。不知到底是峰上蜂蜇凤，还是风中凤斗蜂
绕口令实训二	1 是 1，7 是 7，17 是 17。17 倒过来，便是 71。71 去掉 1，变成一个 7。17 去掉 7，剩下一个 1。7 后加个 7，便成 77。77 倒过来，仍是 77
绕口令实训三	青草丛，草丛青，青青草里草青虫。青虫钻进青草丛，青草丛青草虫青
绕口令实训四	小王和小黄，一块画凤凰。小王画黄凤凰，小黄画红凤凰。红凤凰黄凤凰，只只画成活凤凰，望着小王和小黄
绕口令实训五	三娘在山上放三只山羊，三只山羊翻过山梁，三娘翻过山梁去找三只山羊，三只山羊躲在杉树旁，三娘找到三只山羊

（四）经典阅读练习

滕王阁序

——王勃

豫章故郡，洪都新府。星分翼轸，地接衡庐。襟三江而带五湖，控蛮荆而引瓯越。物华天宝，龙光射牛斗之墟；人杰地灵，徐孺下陈蕃之榻。雄州雾列，俊采星驰。台隍枕夷夏之交，宾主尽东南之美。都督阎公之雅望，棨戟遥临；宇文新州之懿范，襜帷暂驻。十旬休假，胜友如云，千里逢迎，高朋满座。腾蛟起凤，孟学士之词宗；紫电青霜，王将军之武库。家君作宰，路出名区；童子何知，躬逢胜饯。

时维九月，序属三秋。潦水尽而寒潭清，烟光凝而暮山紫。俨骖騑于上路，访风景于崇阿。临帝子之长洲，得仙人之旧馆。层峦耸翠，上出重霄；飞阁翔丹，下临无地。鹤汀凫渚，穷岛屿之萦回，桂殿兰宫，列冈峦之体势。

披绣闼，俯雕甍，山原旷其盈视，川泽纡其骇瞩。闾阎扑地，钟鸣鼎食之家；舸舰迷津，青雀黄龙之舳。云销雨霁，彩彻区明。落霞与孤鹜齐飞，秋水共长天一色。渔舟唱晚，响穷彭蠡之滨，雁阵惊寒，声断衡阳之浦。

遥襟甫畅，逸兴遄飞。爽籁发而清风生，纤歌凝而白云过。睢园绿竹，气凌彭泽之樽；邺水朱华，光照临川之笔。四美具，二难并。穷睇眄于中天，极娱游于暇日。天高地迥，觉宇宙之无穷；兴尽悲来，识盈虚之有数。望长安于日下，目吴会于云间。地势极而南溟深，天柱高而北辰远。关山难越，谁悲失路之人？萍水相逢，尽是他乡之客。怀帝阍而不见，奉宣室以何年？

嗟乎！时运不齐，命途多舛。冯唐易老，李广难封。屈贾谊于长沙，非无圣主；窜梁鸿于海曲，岂乏明时？所赖君子见几，达人知命。老当益壮，宁移白首之心？穷且益坚，不坠青云之志。酌贪泉而觉爽，处涸辙以犹欢。北海虽赊，扶摇可接；东隅已逝，桑榆非晚。孟尝高洁，空怀报国之情；阮籍猖狂，岂效穷途之哭？

勃，三尺微命，一介书生。无路请缨，等终军之弱冠；有怀投笔，慕宗悫之长风。舍簪笏于百龄，奉晨昏于万里。非谢家之宝树，接孟氏之芳邻。他日趋庭，叨陪鲤对；今兹捧袂，喜托龙门。杨意不逢，抚凌云而自惜；钟期既遇，奏流水以何惭？

呜呼！胜地不常，盛筵难再；兰亭已矣，梓泽丘墟。临别赠言，幸承恩于伟饯；登高作赋，是所望于群公。敢竭鄙怀，恭疏短引；一言均赋，四韵俱成。请洒潘江，各倾陆海云尔。

三、评价

（1）小组成员之间相互评价，总结实训过程中的优点和缺点。

（2）教师点评。教师从一个新的高度，对学生的实训过程进行全面的评价，肯定学生的实训成绩和效果，并指出不足之处。

四、修改完善

根据同学互评、教师点评，完善实训成果。

任务评价

实训考核评价表

被考评人		实训地点	
评级内容	普通话发音实训		
项目	要求细则	分值	得分
知识掌握	普通话发音标准	20	
	语音语调协调	20	
	文字读音准确	20	
	绕口令阅读能力	15	
	文言文阅读能力	15	
实训态度	态度认真，注重仪容仪表	10	
合计		100	

任务二　形象礼仪实训

任务描述

第一印象常常构成人们的心理定式，不知不觉成为判断一个人的依据。导游人员注重仪容仪表，有助于增强旅游者对导游人员的信任感，缩短导游人员与旅游者间的心理距离，对导游人员来说非常有益于顺利带好旅游团。刚刚步入社会，在学校学习了很多有关服务礼仪知识的你，深谙这个道理。你觉得需要巩固一下所学知识，以面对接下来几天的工作。

知识链接

一、仪表形象礼仪

（一）仪容仪表

1. 发型

导游人员头发要修剪、梳理整齐，与脸型、体形、年龄相协调，不能有头屑，保持干净，不染、不留奇异发型，女士不佩戴色泽鲜艳的发饰，男士发型遵循前不盖额，侧不遮耳，后不触领的原则。

2. 面部化妆

以浅妆、淡妆为佳，不浓妆艳抹，避免使用气味浓烈的化妆品。

3. 口腔

保证口气清新，不吃含刺激性气味的食物，口中无异味。

4. 鼻腔

要经常清理鼻腔，修剪鼻毛。

5. 手指甲

指甲里无污垢，保持干净，勤修剪，不留长指甲，不涂色彩鲜艳的指甲油。

6. 饰品

佩戴的饰品应少而简洁、大方得体，不夸张、不华贵。

（二）举止礼仪

1. 公共卫生

不随地吐痰，不乱扔果皮纸屑。不在他人面前剔牙齿、挖耳朵、掏鼻孔、打哈欠、搔痒、脱鞋袜。咳嗽和打喷嚏时，应用手帕捂住口鼻，尽量减小声音。

2. 饮酒

在旅游涉外活动中，导游人员应尽量不喝酒或少喝酒，饮酒时酒量不能超过自己酒量的1/3，以免酒后失态，影响工作。

图 1-1 导游人员形象

二、着装礼仪

导游人员着装要符合身份，着装得体，衣服要求干净、整洁、无褶皱、无纽扣脱落、扣齐所有纽扣、衣领平整无汗渍，追求风格的和谐统一。切忌穿着奇装异服，或一味追求高档名牌服装，哗众取宠。

工作中必须将导游胸卡和工作牌佩戴在胸前，以表明自己导游人员的身份。

沈阳故宫是我们辽宁……

图 1 - 2　导游服务

三、导游人员的仪态

（一）表情风度

精神饱满，乐观自信；自尊而不狂傲；热情而不谄媚；活泼而不轻佻。

（二）举止姿态

站、行、坐、蹲有度，但不矫揉造作。

四、导游人员的谈吐

（1）语言要文明礼貌，表达对旅游者的关心和尊重。

（2）内容要有趣，词汇生动，不失高雅脱俗。

（3）语速快慢相宜，亲切自然。音量适中、悦耳。

任务布置

一、任务名称

导游人员形象礼仪实训。

二、任务准备

1. 场地准备

实训教室。

2. 物品准备

笔、学习卡片、实训报告书、白板笔、镜子、照相机、U 盘、彩笔等。

3. 学生团队组建

请在规定时间内（5 分钟）自行组建 6 个学习小组，每组 6~8 人，给小组命名，并推选出小组长。

学习小组成员

组名	
组长姓名	
组员姓名	

任务实施

一、实训流程

以小组为单位，分别进行形象礼仪实训，并为实训的同学拍照，实训结束后，将照片上传至信息化教学平台，展示实训成果。

二、方法与步骤

学生分组，在教师指导下，进行以下形象礼仪训练。

（一）仪容仪表

学生分组，学生间相互检查仪容仪表情况，包括发型、面部化妆、口腔、鼻腔、手指甲、饰品、着装等几个方面，并做记录，做出评价。

对于个别发型、妆容、服装比较怪异的同学，可请其对自身仪容仪表进行评价，并针对问题点，提出自己如果作为导游在仪容仪表方面将做怎样的调整。

（二）仪态训练

1. 微笑

请学生面对镜子，深呼吸，然后慢慢地吐气，并将嘴角两侧对称往耳根部提拉，发出"一""七"的声音，并拿一支不太粗的笔，用牙齿轻轻横咬住它，保持 1~3 分钟。

2. 举止姿态

（1）站姿训练。站正，自然亲切，稳重。上身正直，头正目平，面带微笑，微收下颌，肩平胸挺，直腰收腹，两臂自然下垂，两腿相靠直立，肌肉略有收缩感。双手放在腿部两侧，手指稍弯曲，呈半握拳头，也可双手自然交叉放于腹部。

女士两腿应平直，双脚呈丁字形或 V 字形。

男士双脚呈 V 字形或分开。

图 1-3 站姿

（2）行姿训练。挺胸，抬头，两眼平视。

女士两脚都要踏在一条直线上，呈"一字步"，步幅在30厘米左右为宜。

男士行走，两脚交替前进，脚尖稍外展，走一条直线的两侧，步幅在40厘米左右为宜。

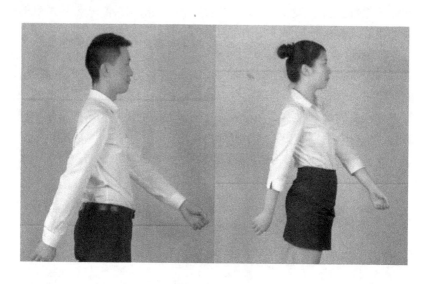

图1-4 行姿

（3）坐姿训练。坐得端正、稳重、自然、亲切。双肩平正，上身挺直，双臂自然弯曲。

女士双膝自然并拢，双手叠放在双腿的中部，并靠拢小腹。

男士双脚平踏在地上，双膝可以稍微分开，双手分别置于左右两个膝盖上。

（4）蹲姿训练。上体尽量保持正直；保持头、胸、膝关节在一个角度上。

图 1-5　坐姿

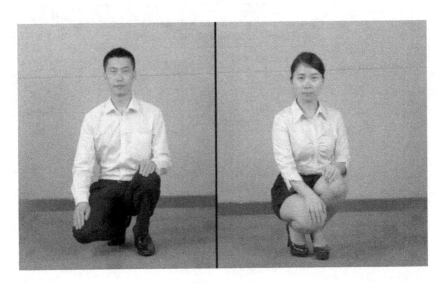

图 1-6　蹲姿

三、评价

（1）小组成员之间相互评价，总结实训过程中的优点和缺点。

（2）教师点评。教师从一个新的高度，对学生的实训过程进行全面的评价，肯定学生的实训成绩和效果，并指出不足之处。

四、修改完善

根据同学互评、教师点评，修改完善实训成果。

任务评价

实训考核评价表

被考评人		实训地点	
评级内容	形象礼仪实训		
项目	要求细则	分值	得分
仪容仪表	着装符合导游人员形象要求	10	
	容貌修饰得体	10	
	面带微笑，自然亲切	10	
	注重细节，无不良行为	10	
姿态举止	站姿优雅、自然、标准	15	
	行姿优雅、自然	15	
	坐姿端正、稳重、自然、亲切	10	
	蹲姿协调、优雅、自然	10	
实训态度	态度认真	10	
合计		100	

项目二 接站服务实训

实训目标

（1）掌握旅游团到达前的接站服务准备工作及旅游团到达后的接站服务工作。

（2）掌握导游欢迎词的创作技巧，能够熟练创作并讲解导游欢迎词。

（3）掌握漏接、空接、错接事故的处理方法。

情境描述

经过三天的准备，你已经对接团做好了相当充分的准备，你对接下来的导游工作充满自信。明天导游团就到了，你提前准备好上团必备的证件和物品以及票证、表格，调整好自己的心态和情绪，以饱满的精神和满腔的工作热情迎接第二天旅游团的到达。

想一想：请回忆曾学习过的知识，接站服务包括哪些内容？

任务一　接团服务实训

任务描述

今天下午你早早地从旅行社出来，然后带齐上团需要的证件，确定旅游团到达时间并与司机师傅联系提前做好接机准备。16：30，你要先于旅游团半小时到达机场（车站、码头），与司机师傅确认乘车地点后，你举着接站牌站在接站口醒目的位置等待旅游团的到达。

知识链接

一、地陪接团服务

（一）旅游团抵达前的服务安排

旅游团抵达前，导游需确认旅游团所乘交通工具及准确的抵达时间，以免漏接。

1. 与旅行车司机联络

电话通知司机出发的时间，商定碰面地点。

2. 提前抵达接站地点

地陪应提前半小时抵达机场（车站、码头），与司机商定车辆停放位置。如已安排行李员，地陪应与行李员取得联络，并向行李员交代旅游团的名称、人数，通知行李运送地点，了解行李抵达饭店的大体时间。

3. 再次核实班次抵达的准确时间

地陪在落实上述工作后，还须再次向问讯处确认或通过班次抵达显示牌确认班次的准确抵达时间。

4. 持接站标志迎候旅游团

在旅游团出站前，地陪持接站标志，站在出口处醒目位置，热情迎候旅游团。

（二）旅游团抵达后的服务

1. 认找旅游团

旅游团所乘班次的客人出站时，地陪要设法尽快找到所接旅游团。地陪举接站牌站在醒目的位置，让领队或全陪（或客人）前来联系，同时地陪应根据旅游者的民族特征、衣着、组团社的徽记等作

图2-1　迎候旅游团

出判断或主动询问，问清该团领队（或客人）的姓名、人数、国别、团名，一切相符后才能确定是自己所接待的旅游团。

2. 核实人数

地陪找到要接待的旅游团后，向领队（或客人）做自我介绍，并介绍全陪，及时向领队核实实到人数，如与计划人数不符，要及时通知旅行社，以便更改相应的服务。

3. 集中清点行李，并交接行李

如果旅游团是乘坐飞机抵达的，地陪应协助所接待旅游团的旅游者将行李集中到指定位置，提醒他们检查各自的行李物品是否完好无损。与领队、全陪、行李员一起清点并核实行李件数，并填好行李卡（一式两份），与行李员双方签字，一份交与行李员。

4. 询问团队情况

地陪还应向领队询问团内旅游者的身体状况、有无特殊要求，如团队是白天到达，则应与全陪、领队商定是先回饭店还是马上进行游览。

5. 集合登车

地陪要提醒旅游者带齐手提行李和随身物品，引导其前往乘车处。旅游者上车时，地陪应站在车门一侧恭候客人上车，并向客人问好，必要时可助其一臂之力。旅游者上车后，应协助其就座，礼貌地清点人数，等所有人员到齐坐稳后，方可示意司机开车。

图 2 - 2　集合登车

二、全陪首站（入境站接团）服务

（1）全陪应与地陪商定碰头地点和出发时间，并一同前往机场（车站、码头）迎接入境旅游团。

（2）携带必要的证件、资料（如导游证、接待计划等），提前半小时到达接站地点与地陪一起迎候旅游团。

（3）飞机（火车、轮船）抵达后，全陪应协助地陪尽快找到旅游团。接到旅游团后，全陪应做自我介绍，向领队核实旅游团队实到人数、所需房间的确定间数、餐饮的特殊要求。如与原计划有出入或变更情况，则应及时与接待社联系，并报告组团社。

任务布置

一、任务名称

接团服务实训。

二、任务准备

1. 场地准备

校园内户外或模拟实训室。

2. 物品准备

笔记本、笔、扩音器、学习卡片、实训报告书、白板笔、胶水、照相机、麦克风、U 盘、彩笔等。

3. 学生团队组建

请在规定时间内（5 分钟）自行组建 6 个学习小组，每组 6~8 人，给小组命名，并推选出小组长。

学习小组成员

组名	
组长姓名	
组员姓名	

任务实施

一、实训流程

（1）学生按小组编写机场（车站、码头）接团服务剧本。

（2）以小组为单位，分别选择实训室或户外场地，进行接团服务实训，并为实训的同学拍照，实训结束后，将照片上传至信息化教学平台，展示实训成果。

二、方法与步骤

学生在教师指导下，进行接团服务实训。

（一）创作接团服务剧本

1. 情景模拟剧本创作要求

学生通过网络查找案例，并根据本节所学知识点制作剧本，要求剧本内容围绕以下知识点及流程提示进行：

（1）可选择一种情况将知识点串联起来制作剧本，角色分地陪、全陪、领队、游客等，也可根据实际情况设定角色。

（2）剧本设计宜简洁明了，不在细节上花费过多时间，表演限时10分钟。

（3）语言生动并贴合知识点，注重发挥学生的主观能动性，挖掘学生对知识点的敏锐度。

2. 知识点与流程提示

（1）与旅行车司机联络。分为两种情况：①导游自行到达机场（车站、码头）。到达机场（车站、码头）后，导游员需与司机联络确认停车地点。②导游与司机提前联络，商定碰面地点。与司机碰面后，告知活动日程和具体安排，并乘坐旅游车到达机场（车站、码头）。

（2）持接站标志迎候旅游团。接小型旅游团或无领队、全陪的散客旅游团时，要在接站牌上写上客人姓名，以便客人能主动与地陪联系。

（3）与旅游团接洽。分为两种情况：①首站。全陪与地陪一般是同一个城市，也可能是同一家旅行社的导游。接站前，全陪、地陪要提前联系，商定接站时间及日程，一起在接站口接站。地陪在找到要接待的旅游团后，向领队（或客人）做自我介绍，并介绍全陪，同时全陪也要向游客做自我介绍，之后全陪、地陪及时同领队核实实到人数。②途中某站。全陪与旅游团游客一同到达，全陪属于组团社导游，地陪属于接待社导游。此时，地陪在找到要接待的旅游团后，向全陪、领队、客人做自我介绍，与全陪确认旅游团信息，以防接错团，然后核实人数。

（4）集合登车。地陪、全陪引导旅游者登车。①提醒注意事项。②协助旅游者登车及就座。③清点人数。④提醒游客坐稳，请司机开车。

（二）接团服务实训成果展示

学生分角色按小组情景模拟接团服务。一组进行情景模拟时，其他小组作为观众观看，也可客串游客。

三、评价

（1）小组成员之间相互评价，总结实训过程中的优点和缺点。

（2）教师点评。教师从一个新的高度，对学生的剧本及模拟实训过程进行全面的评价，肯定学生的实训成绩和效果，并指出不足之处。

四、修改完善

根据同学互评、教师点评，修改完善实训成果。

任务评价

实训考核评价表

被考评人		实训地点	
评级内容	接团服务实训		
项目	要求细则	分值	得分
仪容仪表	着装符合导游人员整体形象要求	10	
	容貌修饰得体	10	
	微笑服务，礼貌待人	10	

续表

剧本创作	剧情简洁明了，涉及知识点丰富	10	
	接站步骤先后顺序正确，符合规范流程	10	
	语言生动有趣，贴合知识点	10	
	体现团队合作，有创新精神	10	
情景模拟	角色扮演形象逼真	10	
	团队成员配合默契	10	
学习态度	学习态度认真，知识运用能力强	10	
合计		100	

任务二　导游欢迎词创作与讲解实训

任务描述

你在机场（车站、码头）接到旅游团，并带领着旅游团上了旅游车后，作为你的第一次出团，你深知良好的开端就是成功的一半，而欢迎词是给游客好的第一印象的一个重要环节。

待旅游车开动起来，你站到导游讲解席上，有些紧张，游客们充满好奇、期待、温和以及些许鼓励的目光给了你勇气，拿起话筒，你开始讲解你精心准备的欢迎词。

知识链接

一、欢迎词创作与表达

（一）欢迎词的五大要素

（1）表示欢迎：代表接待社、组团社表示欢迎。

（2）介绍人员：自己、司机或其他人员。

（3）预告节目：介绍城市（或地区）概况和当地的游览内容。

（4）表示态度：愿为大家服务，努力工作，确保大家满意。

（5）预祝成功：希望得到大家的支持与合作，努力使游览获得成功，祝大家愉快、健康。

欢迎词切忌死板、沉闷，如能风趣自然会缩短自己与游客之间的距离，使大家尽快相互熟悉起来，甚至成为朋友。

图 2-3 致欢迎词

（二）如何称呼

（1）交际关系型：各位游客、各位朋友、各位来宾。

（2）套用尊称型：女士们、先生们、各位女士、各位先生。

（3）亲密关系型：各位朋友、老乡、同学、老师等。

称呼要得体，符合游客身份、场合、气氛。要尊重游客，把握好分寸、尺度。要尽量采用通用称呼，适用范围广、弹性大，做到游刃有余。

（三）寒暄

（1）问候型：你好？大家好？（久仰、幸会一般不用）

（2）攀认型：同乡，沾亲带故，或自己喜欢的地方的人。

（3）关照语：如吃的习惯吗？冷吗？

寒暄要自然切题，建立认同感，调节气氛。

（四）自我介绍

要求坦然自信，友善诚恳。

（1）注意繁简。一般包括姓名、籍贯、带团经历或年龄、兴趣、特长等。

（2）掌握分寸。自我评价不宜使用"很、最、特别"等语气比较重的词语，不能过度夸奖自己，也不能过度贬低自己。可采取自谦、自嘲、自识，巧妙地介绍自己。

（五）增添文采

用名句、谚语等增添文采。如：有缘千里来相会；天下没有不散的筵席；百年修得同船渡；物惟求新，人惟求旧；有朋自远方来不亦乐乎。

二、首次沿途导游讲解

导游在致欢迎词的过程中，还应根据游客和当地的实际情况，在旅游车上适时进行沿途导游讲解。

沿途导游讲解包括以下几个要素：

（1）介绍市容：选取旅游者感兴趣的内容，讲解沿途能看到的景观，对所到城市的市容特色、历史沿革、经济、文化、交通等进行概述。

（2）风光风情介绍：介绍城市风光及民俗风情，见物讲物，见人说人。合理取舍内容，语言简洁明快，介绍城市风光时适时插入风情介绍的内容。

（3）介绍下榻酒店：旅游车在行驶临近下榻饭店时，应该向旅游者介绍饭店的基本情况，包括饭店名称、星级、规模、设施设备条件、饭店位置、交通状况等。注意在旅游者下车之前宣布下车后的集中地点，并提醒旅游者带好行李物品。

任务布置

一、任务名称

导游欢迎词创作与讲解实训。

二、任务准备

1. 场地准备

教室及户外。

2. 物品准备

笔记本、笔、扩音器、学习卡片、实训报告书、白板笔、胶水、照相机、麦克风、U盘、彩笔等。

3. 学生团队组建

请在规定时间内（5分钟）自行组建6个学习小组，每组6~8人，给小组命名，并推选出小组长。

学习小组成员

组名	
组长姓名	
组员姓名	

任务实施

一、实训流程

（1）学生在教师指导下在教室编写欢迎词及沿途导游词。

（2）以小组为单位，分别选择实训室或户外场地，进行导游欢迎词讲解实训，并为实训的同学拍照，实训结束后，将照片上传至信息化教学平台，展示实训成果。

二、方法与步骤

学生在教师指导下，进行导游欢迎词创作与讲解实训。

（一）导游欢迎词创作

学生通过网络、本节所学知识点广泛收集资料，根据以下导游词创作要求选择一种表达模式，创作导游欢迎词。

1. 要求

（1）具有鲜明的特点与个性色彩，内容简洁明了，自我介绍突出所选择的表达模式的特点，沿途导游讲解突出本溪市特色。

（2）欢迎词字数 500 字以内，沿途导游讲解字数 1000 字以内。

2. 表达模式

（1）自谦式。在介绍时采取低调姿态，巧妙谦虚，使游客在不知不觉中接纳自己。如"我叫×××，从×××学校毕业，正在努力学做一名优秀的导游员"。"努力学做"给人一种积极的态度，使游客容易接受，即使导游中出一点小问题，也容易得到谅解。

（2）幽默调侃式。自我介绍幽默诙谐，妙语连珠。可以自嘲一下，于自我揶揄中露出一点自信、自得之意。既风趣又不夸张，给游客留下深刻印象。能够创造出融洽的气氛，缩短心理距离。如：十分荣幸为各位导游，只是我的长相不太符合一个合格导游的标准。因为名人说过：导游是一个国家的脸面。大家看我这张脸能代表我们美丽的国家吗？

（3）自识式。把自己名字进行演绎发挥。如：我叫张曲，张学友的张，弯弯曲曲的曲。但我是一个正直的人。为什么叫曲呢？因为小时候爱唱歌曲。一会儿我也给大家唱一曲。

【经典导游欢迎词范例】

各位游客朋友：

大家好！欢迎来到我的家乡本溪旅游。我叫刘祥，是××旅行社的导游员，与我国奥运冠军刘翔同名，只是我是"吉祥"的"祥"，我最大的心愿是给大家带来欢乐、带来吉祥。大家就叫我小刘好了。这位是司机小王，他的开车技术是很棒的。中国有句古话叫"有朋自远方来，不亦乐乎！"这次能为大家服务，我感到十分高兴。愿我的导游工作能使大家满意。首先预祝大家玩得尽兴，玩得开心。

现在向各位介绍一下本溪市的概况……（略）

前方，我们即将到达我们要入住的××酒店了，酒店位于……（略）

好的，现在请大家携带好行李和随身物品，随我下车。然后请大家到酒店大堂稍作休息，我和全陪立即为大家办理入住手续。

（二）导游词讲解

学生按小组轮流进行导游欢迎词的讲解，每名学生必须模拟讲解一次导游欢迎词。一名学生讲解时，其他学生扮演游客，并与导游进行互动，提出各类问题，请导游解惑。

三、评价

（1）小组成员之间相互评价，总结实训过程中的优点和缺点。

（2）教师点评。教师从一个新的高度，对学生的导游词创作及导游讲解实训过程进行全面的评价，肯定学生的实训成绩和效果，并指出不足之处。

四、修改完善

根据同学互评、教师点评，修改完善实训成果。

导游业务实训

任务评价

实训考核评价表

被考评人		实训地点	
评级内容	导游欢迎词创作与讲解实训		
项目	要求细则	分值	得分
仪容仪表	着装符合导游人员整体形象要求	10	
	容貌修饰得体	10	
	微笑服务，礼貌待人	10	
导游词创作	简洁明了，字数在要求范围之内	10	
	具有鲜明的个性色彩	10	
	贴合三种表达模式中的一种，具有明显的特点	10	
	有个人独到的见解，有创新精神	10	
导游词讲解	讲解生动有趣，富有个人性格色彩	20	
学习态度	学习态度认真，知识运用能力强	10	
	合计	100	

任务三 漏接、空接、错接处理实训

任务描述

致完导游欢迎词后，你的心情非常愉快，因为到酒店还需要一些时间，游客们旅途劳顿，看起来有些疲惫，于是你告诉游客们可以稍微休息一下，一会儿到酒店的时候再叫醒他们。

你坐好后，旅行社的王经理打来电话，因为你是第一次带团，王经理有点不放心，听说你顺利接团已经在去酒店的路上后，王经理松了一口气，你知道王经理是担心发生漏接、空接或者错接旅游团的事故。你挂了电话，也松了一口气，虽然你在接团前就对漏接、空接、错接做了充分的知识准备，但是想到如果发生漏接、空接和错接会给你带来很多的麻烦，你还是觉得很庆幸。

那么，万一发生漏接、空接、错接事故要如何处理呢？

知识链接

一、漏接事故的处理

漏接是指导游人员没有按预订航班（车次、船次）时刻迎接旅游团（者），导致旅游团（者）在抵达后，并无导游人员迎接的现象。

发生漏接事故后，导游人员见到旅游者时应做到：

（1）不管漏接原因在何方，面对旅游者的抱怨、发火时，导游人员应首先表示歉意，"替人受过"。

（2）等旅游者情绪稍稍平息后，实事求是地向旅游者说明情况，并再次表示歉意。

（3）尽快让旅游者上车，离开机场（车站、码头）。

（4）向旅游者提供热情周到的服务以取得旅游者的谅解。

（5）征得旅行社领导同意后，酌情给旅游者一定的物质补偿，如赠送纪念品、加菜、加酒水等。

二、空接事故的处理

空接是指由于某种原因，旅游团（者）推迟抵达接待站，导游人员仍按原计划预订的航班（车次、船次）接站而没有接到旅游团（者）。

如发生空接事故，导游人员应采取以下措施：

（1）导游人员应首先询问机场（车站、码头）有关人员，团队所乘交通工具是否抵达或乘坐本班次的旅游团是否都已出站。

（2）应立即与本社相关部门取得联系，查明原因。

（3）若推迟时间不长，应继续留在接站点等候，迎接旅游团；若推迟时间较长，则按社内有关部门安排，重新落实接团事宜。

（4）若没有接到旅游团，经旅行社有关部门领导同意后返回；返回后，导游人员一定要到所下榻饭店询问团队是否已经自行进住饭店。

三、错接事故的处理

错接是指导游人员将其他旅游团（者）当作自己所接的旅游团（者）接走。当导游人员发现所接旅游团非计划要求的旅游团时，应及时采取措施：

（1）若错接发生在同一家旅行社接待的两个旅游团时，导游人员应立即向旅行社领导汇报。经同意后，地陪导游可以不再交换旅游团；若全陪接待的是入境团，则应交换旅游团，并向旅游者致歉。

（2）若错接的是不同旅行社的旅游团时，导游人员应立即向旅行社领导汇报，并设法尽快交换旅游团，向旅游者如实地说明情况和致以诚恳的歉意。

任务布置

一、任务名称

漏接、空接、错接处理实训。

二、任务准备

1. 场地准备
校园内户外或模拟实训室。
2. 物品准备
笔记本、笔、扩音器、学习卡片、实训报告书、白板笔、胶

水、照相机、麦克风、U盘、彩笔等。

3. 学生团队组建

请在规定时间内（5分钟）自行组建学习小组，每组4~6人，给小组命名，并推选出小组长。

学习小组成员

组名	
组长姓名	
组员姓名	

任务实施

一、实训流程

（1）学生按小组完成工作任务。

（2）以小组为单位，分别选择实训室或户外场地，进行实训，并为实训的同学拍照，实训结束后，将照片上传至信息化教学平台，展示实训成果。

二、方法与步骤

（一）工作任务

学生分别选择以下三种情境中的一种，创作完成接下来的情境，展现形式自由，如可采用问答法、叙述讲解法、角色扮演法、相声、脱口秀等任意方式，完成工作任务。

1. 情境一

旅行社王经理接待上海组团社打来的电话，组团社安排一个上海旅游团10月21日到本溪旅游，请王经理做好接待安排并到沈阳桃仙机场接机。于是，王经理按照组团社要求做好了全面安排，并安排导游小李来做此次上海旅游团的地接导游。

10月21日，王经理突然接到电话，电话那边很嘈杂，有人大声说："我们是上海来的游客，现在已经在本溪火车站了，出站已经半个多小时了，请问导游在哪里呀？"王经理觉得非常奇怪，上海旅游团的接待计划是他亲自安排的，问题不是出在旅行社这边，那么问题应该是出在导游小李这边，于是王经理立即与导游小李联系。

请根据以上情境描述，创作完成接下来的情境，内容包括：

（1）给出导游小李漏接的充分理由。

（2）导游小李圆满处理此次漏接事故（包括具体步骤和方法）。

（3）取得游客谅解。

2. 情境二

导游小吴按照旅行社接待计划到本溪火车站接一个北京来的旅游团，根据接团计划，该旅游团到达本溪火车站的时间是14：54。小吴提前半小时到达本溪火车站，与旅游车司机商定好接站地点，一切准备就绪，小吴拿着接站牌站在接站口醒目的位置等待旅游团的到来，火车按时进站了，可是一拨又一拨的客人从接站口离开了，已经超过火车到站40分钟了，小吴也没有接到他的旅游团。小吴先给北京旅游团的全陪打电话，全陪小张对小吴的电话感到很奇怪，说："我们还在火车上，要19：18才能到达本溪火车站。"小吴立即打电话向旅行社询问。

请根据以上情境描述，创作完成接下来的情境，内容包括：

（1）查明此次空接事故的原因。

（2）导游小吴接下来该怎么做。

3. 情境三

旅行社安排导游小张接待一个杭州的旅游团，小张根据接待计划安排到沈阳桃仙机场迎接旅游团，飞机准点抵达后，小张提早站在接机口等待游客，10分钟后，小张看到一个旅游团走了过来，于是小张走上前问道："请问是杭州的游客吗？"游客说："是的。"于是小张赶紧把游客带上了旅游车。

旅游车开动了，小张开始致导游欢迎词，讲到第二天的行程安排时，有一位游客说："导游，你的行程安排和我们的不一样哦，行程怎么能随便改呢？"小张马上与领队核对接待计划，发现双方的团号以及旅游行程完全不符，他意识到自己接错团了。

请根据以上情境描述，创作完成接下来的情境，内容包括：

（1）导游小张马上处理此次错接事故。

（2）导游小张圆满处理此次错接事故（包括具体步骤和方法）。

（3）取得游客谅解。

（二）展示工作成果

学生按小组展示工作成果。

（1）每小组展示时间 7 ~ 10 分钟（具体按课时安排适当调整）。

（2）每小组成员均需参与工作成果展示。

（3）要求工作成果具有学生自己的想法与见解。

（4）工作成果体现漏接、空接、错接事故处理的全过程。

三、评价

（1）小组成员之间相互评价，总结实训过程中的优点和缺点。

（2）教师点评。教师从一个新的高度，对学生的实训过程进行全面的评价，肯定学生的实训成绩和效果，并指出不足之处。

四、修改完善

根据同学互评、教师点评，修改完善实训成果。

任务评价

实训考核评价表

被考评人		实训地点	
评级内容	漏接、空接、错接服务实训		
项目	要求细则	分值	得分
仪容仪表	符合要求，无不良习惯	10	
任务创作	合理解决情境相关问题	10	
	流程步骤符合规范	10	
	内容贴合知识点	10	
	体现学生处理问题的能力	10	
成果展示	展示方式合理，有创意	10	
	具有趣味性，提升工作能力	10	
	成员间相互配合默契	10	
	具有团队精神	10	
学习态度	学习态度认真，知识运用能力强	10	
合计		100	

项目三　入住酒店服务实训

实训目标

（1）了解本地酒店资源情况，掌握办理酒店入住手续的规范流程。

（2）掌握住宿个别要求的处理方法。

（3）掌握探亲访友和亲友随团活动要求的处理方法。

情境描述

你刚刚毕业就作为一名导游进入一家旅行社工作，旅行社王经理安排你接待"辽宁十日游"的旅游团在本溪旅游，你按照接待计划从本溪火车站顺利地接到旅游团，并到达预订的酒店。

即将到达入住酒店前，你为游客们详细介绍了入住酒店的情况，包括酒店的周边环境以及酒店的内部设施，游客对即将入住酒店的内外部环境都感到很满意，你为自己能取得游客的信任和喜欢感到很开心，随着旅游大巴驶入预订酒店的停车场，你带领着游客走入酒店大堂。

想一想：作为一名导游员，如何为游客提供更好的入住酒店服务？

任务一　入住酒店实训

任务描述

办理住店手续是旅游团抵达下榻酒店后导游的重要工作之一，在游客抵达酒店后，导游人员应该尽快为旅游团办理入住手续。经过长时间的旅途劳顿，游客一般都比较疲惫，于是你迅速帮助游客拿好行李，进入酒店大堂，安排游客先到大堂沙发上休息，然后和全陪、领队一起到前台办理入住酒店手续。

知识链接

图 3 - 1　酒店

一、办理住房登记手续

（1）尽快向酒店总服务台讲明团队名称、订房单位。

（2）帮助填写住房登记表，向总服务台提供旅游团队名单。

（3）拿到住房卡（房间号）后，请领队分配房间。

（4）地陪应记下领队或全团成员的房号。

二、其他事务处理

1. 确定叫早时间

（1）与领队、全陪一起商定第二天的叫早时间，并请领队通知全团成员。

（2）将叫早时间通知饭店总服务台，办理叫早手续。

2. 介绍饭店设施、设备和服务项目

（1）介绍外币兑换处、商场、娱乐场所、公共洗手间、中西餐厅等设施的位置。

（2）说明旅游者所住房间的楼层和房间门锁的开启方法。

（3）提醒旅游者住店期间的注意事项及各项服务的收费标准。

（4）如旅游者系晚间抵达（需用晚餐），还应宣布晚餐时间、地点、用餐形式。

3. 带领旅游团用好第一餐

旅游团第一餐安排在旅游者进房前还是进房后，要根据旅游者入店时间和旅游者的要求来定。

（1）约定集中用餐的时间、地点。

（2）带领旅游者进入餐厅，询问本团的桌次，引领旅游团成员入座。

（3）向旅游者介绍就餐的有关规定，如哪些饮料包括在费用之内，若有超出规定的服务要求，费用由旅游者自理等，以免产生误会。

（4）向餐厅说明团内有无食素的旅游者，有无特殊要求或饮食忌讳。

（5）将领队介绍给餐厅经理或主管服务员，以便直接联系。

（6）客人开始用餐后，地陪方可离开。

（7）如果所带旅游团的第一餐安排在外，品尝风味或用便餐，导游必须提前通知餐厅用餐的大概时间、团名、国籍、人数、标准、要求等。

4. 重申当天或第二天的活动安排

（1）重申叫早时间，用餐时间、地点，集合地点，出发时间，用餐形式等。

（2）提醒旅游者做必要的游览准备。

5. 照顾旅游者和行李进房

（1）协助楼层服务员做好接待工作。

（2）核对行李，督促行李员将行李送至旅游者的房间。

（3）协助督促酒店有关部门及时处理各类问题。

6. 核对商定日程

（1）地陪与领队、全陪一起核对、商定安排好的活动日程，征求他们的意见。

（2）在核对、商定日程时，对客方提出的不同情况应采取相应的措施。

任务布置

一、任务名称

入住酒店服务实训。

二、任务准备

1. 场地准备

校园内户外或模拟实训室。

2. 物品准备

笔记本、笔、扩音器、学习卡片、实训报告书、白板笔、胶

水、照相机、麦克风、U 盘、彩笔等。

3. 学生团队组建

请在规定时间内（5 分钟）自行组建 6 个学习小组，每组 6~8 人，给小组命名，并推选出小组长。

学习小组成员

组名	
组长姓名	
组员姓名	

任务实施

一、实训流程

（1）学生按小组调查本地酒店资源情况。

（2）以小组为单位，模拟入住酒店服务实训，并为实训的同学拍照，实训结束后，将照片上传至信息化教学平台，展示实训成果。

二、方法与步骤

学生在教师指导下，进行入住酒店服务实训。

（一）调查本地酒店资源情况

（1）学生通过网络查找资料，如通过大众点评网、美团网，调查本溪本地酒店资源情况，并整理成 Excel 表格。

（2）表格内容包括酒店星级、房间价格、酒店周边环境、交通情况、酒店设施、综合评价等内容。如表 3-1 所示。

表 3 - 1　本溪市酒店资源情况统计分析

酒店名称	星级	价格	周边环境	交通	内部设施	综合评价	……

(二) 情景剧实训

1. 解说

小组代表对本溪市酒店资源情况统计分析表进行解说。

2. 情景模拟

请学生根据本课所学知识点，提升和丰富以下剧本，可随机进行剧情的更改或添加（如添加叫早时间、酒店设备设施介绍、带领旅游团用餐、重申第二天的活动安排、照顾旅游者和行李进房、核对商定日程），丰富剧本内容，并分角色按小组情景模拟入住酒店服务。一组进行情景模拟时，其他小组作为观众观看，也可客串游客。

【情景剧】

导游小李在办理登记入住手续时，与酒店前台、全陪小张及领队王先生的一段对话。

小李：您好，我是乐游旅行社的导游员李××，我们预订了房间，团号是×××。

前台：请您稍候，您一共预订了 12 间双标房，1 间导游房，对吗？

小李：对的，请先把房号给我。

前台：您好，这是 13 间房的房卡和早餐券，请您清查一下，谢谢。

小李：好的，没问题。

……

小李：王先生（领队）、小张（全陪），这是房卡，你们给大家分配一下房间吧。

领队：好的，大家来我这里领一下房卡。

小张：好的，分房表在这里，你去复印三份，行李员一份，前台一份，你留一份，原件还给我。

小李：好的。

……

小张：各位团友，不好意思，让您久等了，请大家拿好房卡进门后先检查一下，等会儿我和小李去查房，大家有什么问题，到时候可以跟我们讲。

小李：是的，游客朋友们，请大家拿好房卡，到房间先休息一下，有什么问题和需要待会儿我和小张查房时告诉我们或者拨打前台电话8001，我和小张的房间号是607，电话是8607，我的手机号是×××××××××，大家可以随时打电话给我，房间之间互拨要在房号前加8。行李等会儿会送到房间里，请带好随身物品。18：30我们准时在酒店大堂集合，我们为大家准备了可口的晚餐。

图3-2 入住酒店服务

三、评价

（1）小组成员之间相互评价，总结实训过程中的优点和缺点。

（2）教师点评。教师从一个新的高度，对学生的剧本及模拟实训过程进行全面的评价，肯定学生的实训成绩和效果，并指出不足之处。

四、修改完善

根据同学互评、教师点评，修改完善实训成果。

任务评价

实训考核评价表

被考评人		实训地点	
评级内容	入住酒店服务实训		
项目	要求细则	分值	得分
仪容仪表	着装符合导游人员的整体形象要求	10	
	容貌修饰得体	10	
	微笑服务，礼貌待人	10	
酒店调研	调研过程真实，数据资料丰富	10	
	调研分析准确，内容丰富	10	
	调研结果具有参考价值	10	
情景模拟	通过角色扮演，学到知识	10	
	剧本有提升和丰富，知识点准确	10	
	团队成员间配合默契	10	
学习态度	学习态度认真，知识运用能力强	10	
	合计	100	

任务二 住宿个别要求处理实训

任务描述

在安排游客到酒店住宿时，有的游客会提出计划外的特殊要求，这是对导游人员处理问题能力的一个考验，也是保证并提升旅游服务质量的重要条件之一。

你为旅游团办理好入住登记手续，请全陪与领队将房卡分给游客后，有一家四口由领队带着走到你面前，这一家四口是周先生、周太太和他们 10 岁左右的一双儿女，他们要求调换外景房或者套房，这样方便他们的一对儿女有足够的玩耍空间。

知识链接

一、要求调换房间

（1）若提供的客房低于标准，旅游者会有意见，旅行社必须负责调换，确有困难要说明原因，并提出补偿条件。

（2）客房内有蟑螂、臭虫、老鼠等，旅游者要求换房应满足其要求，必要时应调换酒店。

（3）客房内设备尤其是房间卫生达不到清洁标准时应立即打扫、消毒。

（4）旅游者要求调换不同朝向的同一标准客房时，若酒店有空房，可适当予以满足，或请领队在内部调配；无法满足时，应耐心解释，并向旅游者致歉。

二、要求更高标准的客房

旅游者要住高于合同规定标准的客房,如果酒店有可予以满足,但旅游者要交付退房损失费和房费差价。

三、要求住单间

(1)住双人间的旅游者要求住单人间,如果酒店有空房可予以满足,但房费自理。

(2)同房旅游者因闹矛盾或生活习惯不同而要求住单人间时,导游人员应请领队调解或在内部调配;若调配、调解不成,酒店有空房时可满足其要求,但导游人员要事先说明房费由旅游者自理(一般是谁提出的要求就由谁来付费)。

图 3-2　酒店客房

任务布置

一、任务名称

住宿个别要求处理实训。

二、任务准备

1. 场地准备
教室或模拟实训室。
2. 物品准备
笔记本、笔、扩音器、学习卡片、实训报告书、白板笔、胶水、照相机、麦克风、U 盘、彩笔等。
3. 学生团队组建
请在规定时间内（5 分钟）自行组建 6 个学习小组，每组 6~8人，给小组命名，并推选出小组长。

学习小组成员

组名	
组长姓名	
组员姓名	

任务实施

一、实训流程

根据给出的案例进行情景模拟，角色扮演。

二、方法与步骤

学生在教师指导下，进行住宿个别要求处理实训。

1. 要求

（1）学生分小组根据给出的案例创设情境，分角色进行情景模拟。

（2）体现学生处理问题的能力。

（3）以抢答的形式进行，每组只有一次情景模拟的机会。

2. 实训流程

由老师 PPT 展示案例一，学生根据案例给出的问题，进行思考和准备，3 分钟后，按抢答顺序的前两组分别进行情景模拟。

【案例一】

导游小王帮助旅游团办好酒店入住手续后，又赶忙来到酒店 6 楼，因为游客们都被安排在这一楼层居住，他需要过来看一下游客还有什么需求，这时领队张先生带着两位游客走过来，他们想更换房间，因为房间朝向外面繁华的大街，他们觉得晚上休息会被影响，但是其他朝向较好的房间的团友都对自己的房间很满意，并不想与他们更换，所以他们希望导游小王能帮助他们调换到一个朝向酒店后花园的房间。

问题：请根据本课所学内容设置情境，模拟导游小王与酒店前台交涉，协助两位游客调换房间。

（1）角色包括小王、张先生、两位游客以及酒店前台。

（2）抢答的第一组选择以下两种情境中的一种进行表演，抢答的第二组则表演另一情境。

1）酒店有多余的朝向酒店后花园的房间，可以调换。

2）酒店没有多余的朝向酒店后花园的房间。（自由想象，必须调换房间并使游客满意）

由老师 PPT 展示案例二，学生根据案例给出的问题，进行思考和准备，3 分钟后，未表演的四组抢答，按抢答顺序的前两组分别进行情景模拟。

【案例二】

小王刚刚协助两位游客调换了房间，领队张先生带着另外两位游客走过来，他们是一对老年夫妇，夫妇二人都是大学教授，他们想将房间升级为套房，因为本溪有几位学生要来拜访他们，换套房方便他们接待客人。

问题：显然，游客的要求是合理的，请根据本课所学内容设置情境，模拟导游小王协助两位游客调换套房。

（1）角色包括小王、张先生、两位游客以及酒店前台。

（2）抢答的第一组选择以下两种情境中的一种进行表演，抢答的第二组则表演另一情境。

1）酒店有多余的套房，可以调换。

2）酒店没有多余的套房。（自由想象，必须调换房间并使游客满意）

由老师 PPT 展示案例三，学生根据案例给出的问题，进行思考和准备，3 分钟后，未表演的最后两组抢答，按抢答顺序分别进行情景模拟。

【案例三】

小王为老年夫妇换完了房间，看到他们开心满意的样子，心情很舒畅，他与领队张先生一起回到 6 层，刚刚出电梯，他们就听见楼道里喧哗的声音，似乎有人在争吵，有一位游客看到小王和张先生，非常激动，走过来说："导游、领队，请给我调换单间，我不想和他住一个房间。"经过小王和张先生的深入了解，原来这位游客与同房的游客在来本溪的火车上发生过矛盾，虽然只是简单的斗嘴，但他们还是不能容忍住在同一个房间。

问题：请根据本课所学内容设置情境，模拟导游小王协助这位游客调换房间。

（1）角色包括小王、张先生、游客、其他游客以及酒店前台。

（2）抢答的第一组选择以下两种情境中的一种进行表演，抢答的第二组则表演另一情境。

1）这位游客坚持换单间，小王根据规定，协助这位游客调换单间。

2）小王和领队张先生与其他团友协调，为这位游客与其他团友调换房间。

三、评价

（1）小组成员之间相互评价，总结实训过程中的优点和缺点。

（2）教师点评。教师从一个新的高度，对学生的实训过程进行全面的评价，肯定学生的实训成绩和效果，并指出不足之处。

四、修改完善

根据同学互评、教师点评，修改完善实训成果。

任务评价

实训考核评价表

被考评人		实训地点	
评级内容	住宿个别要求处理实训		
项目	要求细则	分值	得分
仪容仪表	着装符合导游人员的整体形象要求	10	
	容貌修饰得体	10	
	微笑服务，礼貌待人	10	
实训过程	抢答积极主动	10	
	思维灵活，体现团队成员处理问题的能力和个人素质	10	
	解决问题的方式方法正确	10	
	编剧有创新精神	10	

续表

情景模拟	表演符合设置的情境，贴合内容	10	
	具有个人的风格和魅力	10	
学习态度	学习态度认真，知识运用能力强	10	
	合计	100	

任务三　探亲访友和亲友随团活动要求的处理实训

任务描述

旅游者在旅游期间，希望探望在当地的亲戚朋友，这可能是他们到某地旅游的重要动机。

你为周先生一家调换了套房后，周先生一家表示很满意，两个小孩子开心地在房间里玩耍，能满足游客的需求你也觉得非常开心。这时，有另外一对兄妹找到你，他们想有一天自由的时间去探望在本溪的一位长辈，探访完长辈后，想带着长辈家20岁的孙女一起在本溪旅游，希望你能帮忙安排。

知识链接

一、旅游者要求探视亲友的处理方法

（1）如果旅游者知道亲友的姓名、地址，导游员应帮助联系，并向他们讲明具体的乘车线路。

（2）如果旅游者只知道亲友的姓名或某些线索，具体地址不

详，导游员可通过旅行社请公安部门帮助寻找，找到后及时转告旅游者并帮助联系。若没找到，可请旅游者留下联系地址和电话，找到其亲友后立即通知他们。

二、旅游者要求亲友随团活动

（1）个别旅游者到达某地后，希望在当地的亲友能和自己一道随团旅游，甚至到外地共同游览。当旅游者提出这类要求时，导游员应根据不同情况妥善处理，并应先征得领队和旅游团其他成员的同意。

（2）与旅行社有关部门联系，如无特殊情况可到旅行社出示有效证件，办理入团手续，交付各种费用。

（3）如果旅游者的亲友是外交官员或以记者身份随团旅游，一般不予同意，特殊情况应请示上级有关部门，按有关规定办理。

任务布置

一、任务名称

探亲访友和亲友随团活动要求的处理实训。

二、任务准备

1. 场地准备
校园内、户外或模拟实训室。

2. 物品准备
笔记本、笔、扩音器、学习卡片、实训报告书、白板笔、胶水、照相机、麦克风、U 盘、彩笔等。

3. 学生团队组建
请在规定时间内（5 分钟）自行组建 6 个学习小组，每组 6~8 人，给小组命名，并推选出小组长。

学习小组成员

组名	
组长姓名	
组员姓名	

任务实施

一、实训流程

（1）学生按小组完成剧本编写。

（2）以小组为单位，情景模拟探亲访友和亲友随团活动要求的处理实训，并为实训的同学拍照。实训结束后，将照片上传至信息化教学平台，展示实训成果。

二、方法与步骤

（一）工作任务

请学生按小组根据以下提供的三种情境，思考如何处理相关问题，按情境要求进行情景模拟实训。情景模拟过程中，根据以下提供的参考知识点，将知识点内容融入情景模拟，实训考评以体现知识点内容为评分侧重点。

1. 情境

（1）游客要求探亲访友，并且提供了亲友的姓名、地址。

（2）游客只知道亲友的姓名和工作单位，具体地址不详。

（3）游客要求亲友随团活动。

2. 知识点提示

（1）尊重游客个别要求的原则。①尽可能满足需要的原则。②认真倾听、耐心解释的原则。③尊重旅游者、不卑不亢的原则。

（2）旅游者要求探视亲友应注意的事项。①导游员在帮助旅游者联系会见亲友或同行时，一般不参加会见，即使是外国旅游者也没有担当翻译的义务。②外国旅游者要求会见驻华使领馆人员或在华外国人，导游员不应干预，若需要帮助，可提供电话号码、行车线路、详细地址等，但一般不陪同前往。③旅游者邀请导游员参加外国亲友或使领馆举行的活动，导游员应谢绝，如盛情难却，必须请示领导，经同意后方可出席。

（二）情景模拟实训成果展示

1. 实训方法

（1）请按照一三、二五、四六的方式将每两个小组设置成一个组合（也可按其他方式，由教师随机决定）。

（2）两组中的一组首先根据选择的情境设置剧情，以游客身份对另一组提出要求，请另一组以导游身份解决，互换身份再进行一次情景模拟。

2. 要求

（1）每两小组展示 10~15 分钟（具体时间可按课时安排适当调整）。

（2）每小组成员均需参与工作成果展示。

（3）要求工作成果具有学生自己的想法与见解。

（4）体现游客要求探亲访友、亲友随团要求处理的全过程。

三、评价

（1）小组成员之间相互评价，总结实训过程中的优点和缺点。

（2）教师点评。教师从一个新的高度，对学生的实训过程进行全面的评价，肯定学生的实训成绩和效果，并指出不足之处。

四、修改完善

根据同学互评、教师点评，修改完善实训成果。

任务评价

实训考核评价表

被考评人		实训地点	
评级内容	探亲访友和亲友随团活动要求的处理实训		
项目	要求细则	分值	得分
仪容仪表	符合要求，无不良习惯	10	
任务创作	围绕情境相关问题，内容贴合知识点	10	
	导游服务符合规范	10	
	体现学生应变能力及临场发挥的能力	10	
	体现学生处理问题的能力	10	
情景模拟	展示方式合理、有创意	10	
	具有趣味性，提升工作能力	10	
	团队成员间配合默契	10	
	具有团队精神	10	
学习态度	学习态度认真，知识运用能力强	10	
合计		100	

项目四　参观游览服务实训

实训目标

（1）掌握景点线路的设计方法。

（2）掌握沿途导游的服务技能。

（3）掌握景点讲解的服务技能。

情境描述

你刚刚毕业就作为一名导游进入一家旅行社工作，旅行社王经理安排你接待"辽宁十日游"的旅游团在本溪旅游，你按照接待计划从本溪火车站顺利地接到旅游团，并顺利入住预订的酒店。

待游客吃过晚餐安顿好后，你回到房间拿出出团计划，详细阅读并熟悉巩固参观景点的情况，以防有任何细节上的遗漏，想象着第二天要如何为游客服务，可能会遇到什么问题以及应该如何处理等，为接下来的参观游览服务做详尽的准备。

想一想：本溪有哪些著名的景区景点，你能胜任本溪所有景区的景点导游吗？

任务一　景点线路设计实训

任务描述

按照什么样的路线游览景点，如何合理安排每个景点的游览时间，如何充分展现各景点的特色风貌，如何使景点游览内容丰富、游览行程紧凑、松紧结合等，做好这些计划和安排，可以给旅游者带来不同的直观感受。因此，怎样设计科学、合理的景点参观线路，是导游服务过程中的一个重要环节。当然，你已经提前对本次行程中的各个旅游景点进行了详细的了解，并针对每天的旅游行程，设计好了旅游线路。

知识链接

一、设计旅游线路要素

1. 游览线路设计

常规性的游览线路和非常规游览线路的设计。

2. 游览节奏设计

包括行进速度、停留时间、介绍详略程度等。

3. 讲解方法设计

包括游览行走线路、每个景观停留时间、景点讲解基本内容、景点讲解采用哪种模式、如何引导旅游者游兴和调节情绪等。

二、景点线路的设计原则

1. 发挥各旅游景点的功能

一条游览线路上的若干旅游点有不同的功能，而每个点的旅游功能又有不同的最佳发挥时间。在游览线路设计时要突出重点的旅游景点。

2. 节省时间，避免走回头路

在游览过程中，如果走回头路，就意味着游客要在同一段线路上重复往返，是一种时间和金钱的浪费，这是游客不乐于接受的，应当使所有的景点串联成环行线路。

3. 动静适当交错

旅游过程要注意节奏适宜，有紧有松。游览的节奏太松，大家

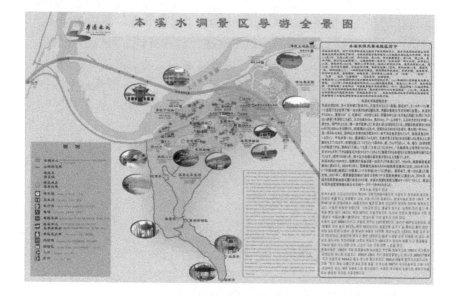

图 4－1 景区导游图

觉得时间没有充分利用而不满意；节奏太紧，则不但游览效果不佳，还容易出现各种事故。

4. 遵循游览顺序"越来越好"的原则

一条线路的各个旅游景点，在风格、质量、品位等方面总有差异，不会在同一的水平。如果线路设计是把质量品位高的景点安排在前，质量品位相对较差的景点安排在后，那么，大家在游览时，虽然获得的第一印象颇好，但随后的旅游过程中不断地付出了更多的时间、体力和金钱，却因前面有高质量的景点做参照，而感到后面游览的景点不如最初的景点，就会产生一种"失望感"，进而对整条线路的游览不满意。倘若线路是把好的景点放在后面，游客就会产生一种成功感。

5. 符合旅游团特点

根据旅游团的具体情况加以设计，如旅游团成员的年龄、性别等。

6. 以游客为主

提前和游客沟通、交流，以满足游客需求为中心。

任务布置

一、任务名称

景点线路设计实训。

二、任务准备

1. 场地准备

校园内、户外或模拟实训室。

2. 物品准备

笔记本、笔、扩音器、学习卡片、实训报告书、白板笔、胶水、照相机、麦克风、U盘、彩笔等。

3. 学生团队组建

请在规定时间内（5分钟）自行组建8个学习小组，每组4~6人，给小组命名，并推选出小组长。

学习小组成员

组名	
组长姓名	
组员姓名	

任务实施

一、实训流程

学生以小组为单位，按要求选择某一景点进行旅游线路设计，并针对线路做出优缺点分析。

二、方法与步骤

（一）选择景点

（1）学生以小组为单位，分别选择以下景点中的一个进行资料搜索及景点游览线路设计。

（2）游览线路设计应包含表格中提供的景点，可自行添加其他景点。

（3）教师负责分配景点，每两组可重复选择一个景点。

表4-1 任务

景点	景点
本溪水洞	银河宫、二仙宫、广寒宫、玉皇宫、虎闸门、北极宫、玉女宫、源泉宫、宝莲神灯、芙蓉壁、银河潮涌、珠帘滴翠、聚猿坡、福寿双星、鹅管、宝鼎双钟、双剑侠、剑门、仙丹石、梦笔生花、卧牛回首、金龟石、滴水剑、斜塔、玉象峡、之字弯、昆仑映雪、白玉宝瓶、壁泉、滴水莲花、暗洞
关门山国家森林公园	小黄山、木兰谷、五彩湖、枫之海、好汉坡、龙脊岭、通天门、龙门峡、夫妻树、晶帘瀑布、龙门峡口、转心湖、红松林、迎客峰、月台子、鸣翠谷、关山湖
五女山山城	古道十八盘、一线天、西门遗址、东墙东门/南墙南门、一号大型建筑遗址、二号大型建筑遗址、三号大型建筑遗址、哨所遗址、天池、居住房址、点将台、饮马湾、满水墙、月牙关、飞来峰、结义松、五女坟
九顶铁刹山	关帝庙、郭祖塔、天官庙、三清观、八宝云光洞、天桥洞、乾坤洞、日光洞、风月洞、悬石洞、郭祖洞、三仙洞、摩崖石刻、碧仙谷、升仙岭、元始顶、南极石、太极顶、黑妈妈庙、老子像

（二）景点线路设计

（1）小组分配任务，网络搜索相关资料。

（2）整理并设计景点游览线路，根据游览时间，设计多条线路，并进行优缺点分析。

1）标准游览线路（3~4小时）。

2）常规游览线路（2~3小时）。

3）高效游览线路（1.5~2小时）。

三、评价

（1）小组成员之间相互评价，总结实训过程中的优点和缺点。

（2）教师点评。教师从一个新的高度，对学生实训过程进行全面的评价，肯定学生的实训成绩和效果，并指出不足之处。

四、修改完善

根据同学互评、教师点评，修改完善实训成果。

任务评价

实训考核评价表

被考评人		实训地点	
评级内容	景点线路设计实训		
项目	要求细则	分值	得分
资料收集	资料收集渠道广泛，数据真实	10	
	团队合作	10	
线路设计	线路设计合理，符合设计原则	30	
	线路优缺点分析准确	30	
	具有参考价值	10	
学习态度	学习态度认真，知识运用能力强	10	
合计		100	

任务二　沿途导游服务实训

任务描述

在游览过程中，旅游者总是希望感知更丰富的信息，获得更大的收益，沿途导游讲解是导游带团过程中，带领游客前往景点的途中，在旅游车上为游客做相关景点及城市的介绍。可根据距离的远近，来调整时间，这是导游带团不可或缺的一个环节。

旅游团到达本溪后的第二天，在酒店用过早餐后，8：30，你准时引导游客们坐上了旅游车，从酒店到达景点大概需要 40 分钟，你觉得这段路程所花费的时间，也是一个和游客们增进感情的机会，你为大家献上了精心准备的沿途导游讲解。

知识链接

一、沿途导游讲解服务流程

（1）协助游客上车，礼貌清点人数，提醒天气情况，请游客带好衣物及其他必备物品。

（2）提醒游客坐好、坐稳，示意司机开车。

（3）沿途导游讲解。

（4）解答游客提问。

二、沿途导游讲解词内容

1. 宣布当日活动日程

导游在前往景点途中，首先向旅游者寒暄问候，然后宣布（重申）当天的活动日程，包括路程所需时间、每个游览节目所需大致时间、午晚餐时间和地点，若遇有需乘船或乘坐缆车的项目，讲明准确的乘坐时间、地点，并提醒注意事项。

2. 介绍新闻和热门话题

根据团队情况适当介绍国内外重要新闻和热门话题。

3. 途中讲解

途中讲解内容主要包括：

（1）沿途风光讲解。地陪在沿途讲解时要不失时机地、有选择地介绍途中所见景物，回答旅游者提出的问题，讲解时要注意所见景物与介绍"同步"，并留意观察旅游者的反应。

（2）介绍所参观游览景点的概况。在到达游览景点前，地陪应简明扼要地介绍景点概况，包括历史沿革、艺术价值、形成原因、景观特色等，以满足旅游者见树先见林的心理，激起其游览的欲望。

4. 抵达景点前

下车前，导游应向旅游者讲清在该景点停留的时间，以及参观游览结束后的集合时间和地点。

本溪是一座具有4700多年历史的古都

图4－2　沿途导游讲解服务

任务布置

一、任务名称

沿途导游讲解服务实训。

二、任务准备

1. 场地准备

教室、户外或模拟实训室。

2. 物品准备

笔记本、笔、扩音器、学习卡片、实训报告书、白板笔、胶水、照相机、麦克风、U 盘、彩笔等。

3. 学生团队组建

请在规定时间内（5 分钟）自行组建 6 个学习小组，每组 6 ~ 8人，给小组命名，并推选出小组长。

学习小组成员

组名	
组长姓名	
组员姓名	

任务实施

一、实训流程

情景模拟沿途导游讲解服务。

二、方法与步骤

学生在教师指导下，进行沿途导游讲解服务实训。

（一）创作沿途导游讲解词

1. 导游词创作要求

（1）每个学生选择本溪的一个旅游景区或景点，通过网络查找相关资料，并根据本节所学知识点创作沿途导游讲解词，要求内容符合沿途导游服务流程。

（2）学生分六组同时进行情景模拟，教师指导。每组成员轮流表演，每个学生必须模拟一次沿途导游讲解。

（3）必须有问答环节，此环节由扮演领队及游客的学生随机提问，根据提出的问题的价值，适当予以提问者实训成绩加分。

（4）请学生组织适当的娱乐活动，以活跃气氛。如讲笑话、唱歌、讲故事等。

（5）模拟过程设计宜简洁明了，角色分地陪、全陪、领队、游客等，也可根据实际情况制定角色，表演限时 25 分钟。

（6）语言生动贴合知识点，注重发挥学生的主观能动性，培养学生的临场发挥能力及应变能力。

2. 沿途导游服务流程提示

请学生分小组，按照以下五个服务步骤创作导游词，并进行情景模拟实训。

（1）引导游客上车。

（2）请司机开车。

（3）沿途导游讲解。

（4）解答游客提问。

（5）下车前的提醒服务。

3. 沿途导游讲解词范例

亲爱的游客朋友们：

大家好！昨晚大家休息得还不错吧！今天我们的行程是游览张家界国家森林公园的金鞭溪，我们从市区到达森林公园大概需要40分钟。（宣布当日活动日程）

金鞭溪是张家界最长的一条峡谷，全长有 7.5 千米，有人称

"金鞭溪是张家界的'少女'",因为它就像少女的丝巾一样把"奇峰三千,秀水八百"的张家界展现到了极致。张家界森林公园是中国第一个国家森林公园,是在1982年成立的,当年著名画家吴冠中先生来到此地,当时的路没有像现在这么好走,吴老先生来到此地以后被这里的山迷住了……(张家界景观整体介绍)

张家界民歌浩如烟海,丰富多彩,尤以山歌传播最广。民歌曲调十分丰富,各地唱法不一,桑植民歌较成系统,已唱出了湖南,唱出了国门。2003年11月23日,著名歌唱家宋祖英在奥地利维也纳金色大厅演唱了桑植民歌《马桑树儿搭灯台》。山歌多为即兴演唱,也有固定歌词。各位朋友到时候在苗家做客可是要喝拦门酒,对山歌的哟。大家如果有兴趣的话,不妨跟我学唱几首土家山歌吧!(组织娱乐活动)

……

马上要到达森林公园了,这里,我要提醒一下大家,今晚我们是住山上,山上住宿环境比较原生态,所以大家可想而知,肯定会比市区的住宿条件差了点,山上由于树木比较多,所以湿气会比较重,请大家多多包涵。(提醒注意事项)

请大家记住,我们的旅游车是蓝色金龙大巴,车牌号是湘G88888,我的手机号是1××××××××××,我们中午集合用餐的时间是11:45,在景区内的××饭店旁,如果在游览过程中走散,请大家自行前往集合地点,也请大家随时打电话联系我。现在,请大家携带好随身物品,请不要把钱包、手机等贵重物品遗留在车上。(提醒注意事项)

(二)沿途导游讲解服务实训成果展示

学生分小组,按要求进行沿途导游讲解服务情景模拟,一名组员作为导游进行沿途讲解服务时,其他组员扮演游客配合导游服务,并适时提出问题,请导游解答。

三、评价

（1）小组成员之间相互评价，总结实训过程中的优点和缺点。

（2）教师点评。教师从一个新的高度，对学生的实训过程进行全面的评价，肯定学生的实训成绩和效果，并指出不足之处。

四、修改完善

根据同学互评、教师点评，修改完善实训成果。

任务评价

实训考核评价表

被考评人		实训地点	
评级内容	沿途导游服务实训		
项目	要求细则	分值	得分
仪容仪表	着装符合导游人员的整体形象要求	10	
	容貌修饰得体	10	
	微笑服务，礼貌待人	10	
导游词创作	语言生动活泼，具有个人性格色彩	10	
	内容丰富，涵盖实训要求及相关知识点	10	
	组织娱乐活动适当、有趣	10	
情景模拟	表演符合设置的情境，贴合内容	10	
	积极配合组员角色扮演	10	
	具有个人的风格和魅力	10	
学习态度	学习态度认真，知识运用能力强	10	
合计		100	

任务三　景点讲解服务实训

任务描述

旅游车缓缓进入景区停车场，待旅游车停好后，你带领着游客走下旅游车，提醒游客相关注意事项后，你带领游客进入景区，接下来你要负责为游客进行景点讲解。

景点游览的质量直接关系到整个旅游行程的质量。参观游览活动是旅游者购买的旅游产品的核心内容，也是导游服务工作的中心环节，还是旅游者期望的旅游活动中的关键部分。而景点讲解服务可以起到画龙点睛的作用。

想到景点讲解服务的重要性，你既紧张又激动。

知识链接

圣母殿采用重檐歇山顶

图4-3　景点导游讲解服务

一、导游讲解应遵循的原则

1. 客观性

所谓客观性是指导游讲解要以客观现实为依据，在客观现实的基础上进行意境的再创造。例如，向游客讲解马氏庄园时，虽然游客看到的都是老建筑宅院，但导游人员以此为基础来创造意境，通过讲解再现民国初期的安阳一支兴旺家族，既让游客了解史实，又使游客有种穿越感。

2. 针对性

所谓针对性是指导游人员从游客的实际情况出发，因人而异、有的放矢地进行导游讲解。例如，到安阳的外国、外地游客一般都要去殷墟旅游，但对不同的游客，导游讲解内容应有所区别：对初次远道而来的西方游客，导游人员可简洁明了地介绍商代的基本情况，对多次来华的游客以及外地游客则应多讲一些，可从殷商文化和青铜器等方面做一些较深入的讲解；对由考古或者文艺界人士组成的专业团，导游人员可从甲骨文入手做深入、细致的讲解。

3. 计划性

所谓计划性是指导游讲解的科学性和目的性，就是要求导游人员在特定的工作对象和时空条件下发挥主观能动性，有计划地进行导游讲解。

导游人员应根据游客的具体情况合理安排在景点内的活动时间，选择最佳游览路线，导游讲解内容也要做适当取舍。什么时间讲什么内容、什么地点讲什么内容以及重点介绍什么内容都应该有所计划，这样才能达到最佳的导游效果。例如，殷墟主要以青铜器、甲骨文、都城为参观要点。在殷墟博物院中，目前重点观看的是地下博物馆——以青铜器为主，妇好墓——陪葬品以及人物传记，文字长廊——甲骨文古今对比，其他的可以作为次重点放松讲解节奏或者由游客自由参观。

4. 灵活性

所谓灵活性是指导游讲解要因人而异、因时制宜、因地制宜。

旅游活动往往受到天气、季节、交通以及游客情绪等因素的影响，导游人员在导游讲解时要根据游客的具体情况以及天气、季节的变化和时间的不同，灵活地运用导游知识，采用切合实际的导游内容和导游方法。例如，介绍湖水水质纯净、清澈见底的特点，导游人员想要通过"分明看见青山顶，船在青山顶上行"的诗句来说明，但游览中不巧下起了小雨，如按计划讲解显然不合时宜，这时，导游人员就要随机应变，可改用"水光潋滟晴方好，山色空濛雨亦奇"的诗句进行讲解。

二、导游讲解应符合的具体要求

1. 言之有物

导游讲解要有具体的指向，不能空洞无物。讲解资料应突出景观特点，简洁而充分。可以充分准备，细致讲解，不要东拉西扯，缺乏主题，缺乏思想，满嘴空话、套话。导游人员应把讲解内容最大限度地"物化"，使所要传递的知识深深地烙在游客的脑海中，实现旅游的最大价值。

2. 言之有理

导游人员讲解的内容、景点和事物等都必须要以事实为依据，要以理服人，不要言过其实和弄虚作假，更不要信口开河。那种违反事实的讲解，一旦游客得知事实真相，即刻会感到自己受了嘲弄和欺骗，导游人员在游客心目中的形象会一落千丈。

3. 言之有趣

导游人员在讲解时要生动、形象、幽默和风趣，要使游客紧紧地以导游人员为核心，在听讲解的过程中，要感受到一种美好的享受和满足。需要指出的是，导游人员在制造风趣幽默氛围时，比拟要自然，要贴切，千万不可牵强附会，不正确的比拟往往会伤害游客的自尊心，并产生不良的影响。

4. 言之有神

导游讲解应尽量突出景观的文化内涵，使游客领略其内在的神采。其讲解内容要经过综合性的提炼并形成一种艺术，让游客得到一种艺术享受。同时，导游人员要善于留意游客的神情变化，分析和掌握哪些内容游客感兴趣，哪些内容游客不愿听，游客的眼神是否转移，是否有游客打哈欠等，这些情况要随时掌握，及时调整所讲内容。

5. 言之有力

导游人员在讲解时要正确掌握语音、语气和语调，既要有鲜明生动的语言，又要注意语言的音乐性和节奏感。此外，导游人员在讲解结尾时，语音要响亮，让游客有心理准备。

6. 言之有情

导游人员要善于通过自己的语言、表情、神态等传情达意。讲解时，应充满激情和热情，又充满温情和友情，富含感情和人情的讲解更容易被游客接受。

7. 言之有喻

导游人员应结合游客的欣赏习惯，恰当地运用比喻手法，减少游客理解的难度，增加旅游审美中的形象和兴趣。

8. 言之有礼

导游人员的讲解用语和动作、行为要文雅、谦恭，让游客获得美的享受。

任务布置

一、任务名称

景点讲解服务实训。

二、任务准备

1. 场地准备

校园内、户外或模拟实训室。

2. 物品准备

笔记本、笔、扩音器、学习卡片、实训报告书、白板笔、胶

水、照相机、麦克风、U 盘、彩笔等。

3. 学生团队组建

请在规定时间内（5 分钟）自行组建 6 个学习小组，每组 6 ~ 8
人，给小组命名，并推选出小组长。

学习小组成员

组名	
组长姓名	
组员姓名	

任务实施

一、实训流程

（1）学生每人创作一份景点导游词，选择辽宁省内相关景点，
景点不能重复。

（2）以小组为单位，情景模拟景点导游讲解，并为实训的同学
拍照，实训结束后，将照片上传至信息化教学平台，展示实训
成果。

二、方法与步骤

（一）景点导游词创作

学生通过网络和本节所学知识点广泛收集资料，根据景点导游
词讲解要求选择 2 ~ 5 种讲解的方法，创作景点导游讲解词。

1. 要求

（1）具有鲜明的特点，导游讲解具有个人风格及感情色彩，并
有一定的吸引力。

（2）景点知识准确，讲解顺序安排合理，突出景点特色。

（3）讲解时间限制在 5 ~ 10 分钟。

2. 讲解导游方法

（1）分段讲解法。分段讲解法就是将一处大景点分为前后衔接的若干部分来讲解。也就是说，在参观一个大的、重要的游览点前，先概括地介绍此游览点的基本情况，包括历史沿革、占地面积、欣赏价值等，使游客对即将游览的景点有个初步的印象。然后，导游人员再带团参观，边看边讲，将旅游者引入审美对象的意境。

（2）突出重点法。突出重点法就是导游讲解时避免面面俱到，而是着重介绍参观游览点的特点和与众不同之处的方法。①突出大景点中具有代表性的景观。②突出景点的特征及与众不同之处。③突出旅游者感兴趣的内容。④突出"……之最"。

（3）触景生情法。触景生情法就是见物生情、借题发挥的导游讲解方法。在导游讲解时，导游人员不能就事论事地介绍景物，而是要借题发挥，利用所见景物制造意境，引人入胜，使旅游者产生联想，从而领略其中妙趣。

如当旅游团在参观海南三亚亚龙湾景区时，导游人员结合电影《一声叹息》的场景，给他们做了生动的描绘，旅游者望着无垠的海滩、蔚蓝的天空，从影片中的人生感悟生活中的人生，产生了很多的联想。

（4）虚实结合法。虚实结合法就是导游在讲解中将典故、传说与景物介绍有机结合，即编织故事情节的导游手法。就是说，导游讲解要故事化，以求产生艺术感染力，努力避免平淡的、枯燥乏味的、就事论事的讲解。

（5）问答法。问答法就是在导游讲解时，导游人员向旅游者提问题或启发他们提问题的导游方法。使用问答法的目的是活跃游览气氛，激发旅游者的想象思维，促使旅游者与导游人员之间产生思想交流，既可使旅游者获得参与感或自我成就感，也可避免导游人员唱独角戏的灌输式讲解。

问答法包括自问自答法、我问客答法以及客问我答法三种。

（6）制造悬念法。导游人员在导游讲解时提出令人感兴趣的话题，但故意引而不发，激起旅游者急于知道答案的欲望，使其产生悬念的方法即为制造悬念法，俗称"吊胃口""卖关子"。

如游览杭州西湖三潭印月，只见三个石塔矗立在盈盈碧水之间，塔高2米，每个石塔中间各有5个小孔，导游人员讲道："每到农历八月中秋，人们在塔中点上蜡烛，洞口蒙上薄纸，烛光倒映在湖中，形成了'天上月一轮，水中影成三'的绮丽景色，可以看见32个月亮（也有说33个月亮）。"当旅游者在思索三潭五孔倒映水面总共也只有30个月亮，此时导游人员再点破："天上一个，水中一个（手中还有一个月饼），不就成了32（33）个月亮？"旅游者在恍然大悟之余，一定会赞叹前人构思的奇妙。

（7）类比法。所谓类比法，就是以熟喻生，达到类比旁通的导游手法。

1）同类相似类比。如将北京的王府井比作日本东京的银座、法国巴黎的香榭丽舍大街；参观苏州时，可将其称作"东方威尼斯"等。

2）同类相异类比。这种类比法可将两种风物比出规模、质量、风格、水平、价值等方面的不同。例如，在规模上将唐代长安城与东罗马帝国的首都君士坦丁堡（今伊斯坦布尔）相比；在价值上将秦始皇陵地宫宝藏同古埃及第十八朝法老图坦卡蒙陵墓的宝藏相比等。

3）时代之比。在游览故宫时，导游人员若说故宫建于明永乐十八年，没有几个外国旅游者知道这究竟是哪一年，但如果说故宫建于公元1420年，就会给人以历史久远的印象。但如果说在哥伦布发现新大陆前72年、莎士比亚诞生前144年中国人就建成了面前的宏伟宫殿建筑群，这不仅便于旅游者记住中国故宫的修建年代，给他们留下深刻印象，还会使外国旅游者产生一种中国人很了不起、中华文明历史悠久的感觉。

（8）画龙点睛法。用凝练的词句概括所游览景点的独特之处，给旅游者留下突出印象的导游手法称为"画龙点睛法"。如旅游团游览海南时，导游人员则可用"椰风海韵春常在，请到天涯海角来"来赞美海南风光；游览丝绸之路时，可用"西风古道，沙漠情韵"来概括。

（9）知识渗透法。导游员在讲解景物或事件时，可以介绍一些对游客理解景点有帮助的相关背景知识和材料。如导游员在苏州带旅游者参观拙政园前，可先进行中国园林的分类背景知识介绍："在中国，园林分为三大类：皇家园林、私家园林、寺庙园林。拙政园属于私家园林。中国园林一般包括水、植物、建筑和假山四个要素。大多数的私家园林在江南是因为江南多水以及拥有适宜造假山的湖石。"

（10）科学成因介绍法。导游员对景观的认识从地理、环境、气象、水文等科学的角度对景观进行讲解。可以满足旅游者求知的欲望，使他们对景观的认识从现象上升到更高的层次。如从地质角度解释西湖的形成；从光学原理解释海市蜃楼因光线折射所致。

（11）引用法。引用法就是引用旅游者本国、本土的谚语、俗语、格言等进行讲解。这不仅能增强讲解的生动性，而且能起到以一当十的作用。

（二）导游词讲解

学生按小组轮流进行导游欢迎词的讲解，每名学生必须模拟一次导游欢迎词讲解。一名学生讲解时，其他学生扮演游客，并与导游进行互动，提出各类问题，请导游解惑。

三、评价

（1）小组成员之间相互评价，总结实训过程中的优点和缺点。

（2）教师点评。教师从一个新的高度，对学生的实训过程进行全面的评价，肯定学生的实训成绩和效果，并指出不足之处。

四、修改完善

根据同学互评、教师点评，修改完善实训成果。

任务评价

实训考核评价表

被考评人		实训地点	
评级内容	景点讲解服务实训		
项目	要求细则	分值	得分
仪容仪表	着装符合导游人员的整体形象要求	10	
	容貌修饰得体	10	
	微笑服务，礼貌待人	10	
景点导游词创作	内容丰富，突出景区特点	10	
	具有鲜明的个性色彩	10	
	至少采用两种讲解技巧，具有明显的特点	10	
	有个人独到的见解，有创新精神	10	
导游词讲解	讲解生动有趣，富有个人性格色彩	20	
学习态度	学习态度认真，知识运用能力强	10	
合计		100	

项目五　餐饮、娱乐、购物服务实训

实训目标

（1）掌握餐饮个别要求的处理方法。
（2）掌握旅游者娱乐活动方面个别要求的处理方法。
（3）掌握旅游者购物方面个别要求的处理方法。

情境描述

　　游客在旅游活动中会提出各种计划外的特殊要求。面对游客的种种特殊要求，导游人员应该怎样处理呢？怎样才能使要求得到基本满足的游客高高兴兴，又使特殊要求没有得到满足的游客也满意导游人员的服务，甚至使挑剔的游客也对导游人员提不出更多的指责，这是对导游人员处理问题能力的一个考验，也是保证并提高旅游服务质量的重要条件之一。

　　在这几天的带团过程中，游客对餐饮、娱乐、购物等活动提出了各种各样的特殊要求，你作为一名新晋导游，利用自己专业的知识和技能，圆满地解决了游客的各类要求。

　　请你与大家分享一下这几天游客提出特殊要求的经历。

任务一　餐饮个别要求处理实训

任务描述

你接待的旅游团中有两名少数民族游客，组团社并没有在旅游合同中做相关说明，也没有通知到你所在的地接社，导致你在接团前并不清楚。

旅游团到达后，旅行社为游客安排了丰盛的晚餐，正要进餐时，少数民族游客表示不满，他们认为旅行社不尊重他们的饮食习惯，并要投诉旅行社。你马上与旅行社张经理联系，张经理了解事情经过后，让你安抚游客情绪，并根据协议马上为这几名游客另行安排了餐饮。

知识链接

图 5-1　餐饮服务

一、特殊的饮食要求

由于宗教信仰、生活习惯、身体状况等原因，有些旅游者会在饮食方面提出特殊的要求，如不吃荤，不吃油腻、辛辣食品，不吃禁忌食品或其他肉食，甚至不吃盐、糖等。

若所提要求在旅游协议书中有明文规定的，接待方旅行社须早做安排，地陪在接团前应检查落实情况，不折不扣地兑现。

若旅游团抵达后游客才提出，需要视情况而定。一般情况下，地陪可与餐厅联系，在可能的情况下尽量满足；如确有困难，地陪可协助其自行解决。

二、要求换餐

旅游者在用餐前3小时提出换餐要求，地陪要尽量与餐厅联系，按有关规定办理；接近用餐时间旅游者提出换餐，一般不应接受要求，但导游人员要做好解释工作；若旅游者仍坚持换餐，导游人员可建议他们自己点菜，费用自理。旅游者用餐时要求加菜、加饮料可以满足，但费用自理。

三、要求单独用餐

由于旅游团的内部矛盾或其他原因，个别旅游者要求单独用餐，此时导游人员要耐心解释，并告诉领队请其调解；如旅游者坚持，导游人员可协助其与餐厅联系，但餐费自理，并告知原餐费不退。

四、要求提供客房内用餐服务

若旅游者生病，导游人员或饭店服务人员应主动将饭菜送进旅游者房间以示关怀。若是健康的旅游者希望在客房用餐，如果餐厅有此项服务，可满足其要求，但须告知服务费自理。

图 5 – 2　客房用餐

五、要求自费品尝风味餐

旅游团要求外出自费品尝风味餐，导游人员应予以协助，并与有关餐厅联系；风味餐订妥后旅游团又不想去，导游人员应劝他们在约定时间前往餐厅，并说明若不去用餐要赔偿餐厅的损失。

任务布置

一、任务名称

餐饮个别要求处理实训。

二、任务准备

1. 场地准备

校园内、户外或模拟实训室。

2. 物品准备

笔记本、笔、扩音器、学习卡片、实训报告书、白板笔、胶水、照相机、麦克风、U盘、彩笔等。

3. 学生团队组建

请在规定时间内（5分钟）自行组建6个学习小组，每组6～8人，给小组命名，并推选出小组长。

学习小组成员

组名	
组长姓名	
组员姓名	

任务实施

一、实训流程

（1）学生以小组为单位，按要求设计餐饮个别要求处理服务剧本。

（2）根据剧本进行情景模拟，角色扮演。

二、方法与步骤

学生在教师指导下，进行餐饮服务实训。

（一）制作餐饮个别要求处理服务剧本

1. 情景模拟剧本创作要求

（1）通过网络查找案例，根据设定的情境创作剧本。

（2）角色分地陪、全陪、领队、游客、餐饮服务员等，也可根据实际情况设定角色。

（3）剧本设计宜简洁明了，不在细节上花费过多时间，表演限时10分钟。

（4）语言生动贴合知识点，注重体现学生处理问题及临场应变能力。

2. 剧本创作情境

请学生以小组为单位，选择以下情境中的一种设计并创作剧本，每组选择的剧本不能重复。

（1）你带的旅游团中有一男一女两名回族游客，但你接团前并不清楚，旅行社为旅游团安排了丰盛的第一餐，刚上了第一道菜——红烧肘子，两名游客突然很生气地说："难道你们不知道我们是回族吗？为什么给我们安排这样一道菜，我们要投诉旅行社。"

接下来你要如何解决？

（2）旅游途中，你正打算带大家去吃午餐，有一名游客突然找到你，然后告诉你说，她是素食主义者，这几天每餐都是荤菜居多，导致她每餐吃得都比较少，希望你能够多安排几道素菜。

这种情况你该如何处理？

（3）今天的午餐安排在小吃街附近，刚刚到达饭店，有几名游客要求看菜单，并对你说，他们对旅行社安排的菜品不是很满意，希望能够由他们自己点菜或者加几道大家都比较满意的菜。

对于这类要求你应该怎样处理？

（4）在参观五女山城的过程中，一名游客与旅游团中多名游客产生了分歧，继而发生了口角，虽然你已经安抚了他们并使他们不再敌对，但是在用餐时，这名游客还是拒绝和其他几位游客一起用餐，并跟你说，想要单独用餐。

你应该如何处理？

（5）今天的游览结束后，你带着游客回到酒店，原本按照计划18：00 在酒店的餐厅用晚餐，但是有两名游客觉得有点累，又因为在景区内吃了些小食品，并不饿，所以跟你提出，不想在餐厅用晚餐，想晚些时候在客房用餐。

你应该如何处理？

（6）今天游览过本溪水洞景区后，你带着还处在稍微兴奋状态的旅游团回到酒店，在旅游车上，有几名游客向你提议，希望明天能吃一些本溪当地的风味餐，请你为他们安排。

你应该如何满足游客品尝风味餐的要求？

（二）餐饮个别要求处理实训成果展示

学生分角色按小组情景模拟餐饮个别要求处理服务。一组进行情景模拟时，其他小组作为观众观看，也可客串游客。

三、评价

（1）小组成员之间相互评价，总结实训过程中的优点和缺点。

（2）教师点评。教师从一个新的高度，对学生实训过程进行全面的评价，肯定学生的实训成绩和效果，并指出不足之处。

四、修改完善

根据同学互评、教师点评，修改完善实训成果。

任务评价

实训考核评价表

被考评人		实训地点	
评级内容	餐饮个别要求处理实训		
项目	要求细则	分值	得分
仪容仪表	着装符合导游人员的整体形象要求	10	
	容貌修饰得体	10	
	微笑服务，礼貌待人	10	
剧本创作	剧本创作符合情境，剧情生动	20	
	解决问题的方法得体正确	10	
	编剧有创新精神	10	
情景模拟	表演符合设置的情境，贴合内容	10	
	具有个人风格和魅力	10	
学习态度	学习态度认真，知识运用能力强	10	
合计		100	

任务二　娱乐服务实训

任务描述

今天的游览行程结束后，在回酒店的路上，旅游车内气氛非常融洽，游客们对你的导游服务以及景点讲解服务都非常满意，你对于自己第一次带团比较成功也非常开心，这时有几名坐在前排的游客对你说："导游，你那天介绍说本溪有皮影戏，我们很有兴趣呢！晚上能带我们去看看吗？"

知识链接

图 5-3　娱乐服务

对于娱乐活动，旅游者各有爱好，不应强求统一。旅游者提出这方面的要求时，导游人员应本着"合理而可能"的原则，妥善处理。

一、计划内的活动

计划内的娱乐活动一般在协议书中有明确规定，若无明文规定，导游人员最好事先与旅游者商量，然后再安排。

旅行社已安排娱乐活动后，旅游者要求参加另一活动，若时间许可又有可能调换时，可请旅行社调换；如无法安排，导游人员要耐心解释，并明确告知票已订好，不能退换，请旅游者谅解；旅游者若坚持己见，导游人员可予协助，但费用自理。

若部分旅游者要求参加别的娱乐项目，也可按上述方法处理。若部分旅游者前往地点与旅游团前往地点在同一线路，导游人员要与司机商量，尽量为少数旅游者提供方便；若不同路，则应为他们安排车辆，但车费自理。

二、计划外的娱乐活动

旅游者提出自费参加某种娱乐活动，导游人员一般应予以协助，帮助购买门票、叫出租车等，通常不陪同前往。

如果旅游者要求去大型娱乐场所或情况复杂的场所，导游人员须提醒旅游者注意安全，必要时可分头陪同前往。

任务布置

一、任务名称

旅游者娱乐活动个别要求处理服务实训。

二、任务准备

1. 场地准备
教室、户外或模拟实训室。

2. 物品准备

笔记本、笔、扩音器、学习卡片、实训报告书、白板笔、胶水、照相机、麦克风、U盘、彩笔等。

3. 学生团队组建

请在规定时间内（5分钟）自行组建6个学习小组，每组6~8人，给小组命名，并推选出小组长。

学习小组成员

组名	
组长姓名	
组员姓名	

任务实施

一、实训流程

情景模拟旅游者娱乐活动个别要求处理服务。

二、方法与步骤

学生在教师指导下，进行旅游者娱乐活动个别要求处理服务实训。

（一）创作剧本

1. 情景模拟剧本创作要求

（1）通过网络查找资料，针对游客提出的娱乐活动的个别要求，设计带领游客参加娱乐活动的剧本。

（2）角色分地陪、全陪、领队、游客、餐饮服务员等，也可根据实际情况设定角色。

（3）剧本设计宜简洁明了，不在细节上花费过多时间，表演限时10分钟。

（4）语言生动贴合知识点，注重体现学生处理问题及临场应变能力。

2. 剧本创作提示

请学生以小组为单位，根据以下情境创作剧本，并根据剧本选择参观本溪民俗活动，对本溪民俗活动做相应的介绍，每组选择的剧本不能重复。

（1）导游建议游客观看本溪地方民俗表演。

（2）游客要求调换原本计划行程中的娱乐活动，导游经过协调，调换成功。

（3）游客要求调换原本计划行程中的娱乐活动，导游经过协商，不能调换。

（4）游客要求导游带领观看本溪地方民俗表演。

（5）游客要求自行前往娱乐活动场所，观看表演。

【本溪民俗文化介绍】

本溪有着悠久的历史，多民族聚居在太子河和浑河流域，使本溪地区诞生和发展出极具特色的地域民俗文化。

（1）本溪的版画、摄影、杂文等群体艺术被中国文化艺术界称为"本溪美术现象""本溪杂文现象"。

（2）本溪的辽砚与端砚、徽砚并称为中国三大名砚。

（3）本溪满族剪纸迄今已有 300 多年历史。

（4）本溪朝鲜族的乞粒舞于 2006 年被列入国家和省级非物质文化遗产名录。

（5）本溪有木刻工艺品、评书、蝴蝶翅画、根雕、二人转、东北大鼓、民间刺绣、桓仁农民版画、皮影戏、满族服饰、朝鲜族服饰等具有浓郁地方特色的艺术形式，对旅游者具有极大的吸引力。

（二）旅游者娱乐活动个别要求处理实训成果展示

学生分小组，按要求进行旅游者娱乐活动个别要求处理服务情景模拟，一组进行情景模拟时，其他小组作为观众观看，也可客串游客。

三、评价

（1）小组成员之间相互评价，总结实训过程中的优点和缺点。

（2）教师点评。教师从一个新的高度，对学生的实训过程进行全面的评价，肯定学生的实训成绩和效果，并指出不足之处。

四、修改完善

根据同学互评、教师点评，修改完善实训成果。

任务评价

实训考核评价表

被考评人		实训地点	
评级内容	娱乐服务实训		
项目	要求细则	分值	得分
仪容仪表	着装符合导游人员的整体形象要求	10	
	容貌修饰得体	10	
	微笑服务，礼貌待人	10	
剧本创作	剧本创作符合情境，剧情生动	10	
	内容丰富，涵盖实训要求及相关知识点	10	
	解决问题方式方法得体正确	10	
民俗介绍	民俗介绍情节生动，知识点正确，符合剧情，安排合理	10	
情景模拟	表演符合设置的情境，贴合内容	10	
	具有个人的风格和魅力	10	
学习态度	学习态度认真，知识运用能力强	10	
合计		100	

任务三　购物服务实训

任务描述

今天的游览应游客们的要求提前结束了，回到酒店，游客们各自回到房间休息，这时有几位游客来到你面前，说他们想出去买点本溪当地的特产，请你推荐并带他们一起去买。

你知道，对游客提出的购物要求，导游人员应积极协助，引导游客购物，以满足游客的需要为出发点，事先熟悉商品知识，了解旅游地的土特产品，当好购物参谋。你暗自庆幸，作为土生土长的本溪人，你对自己家乡的特产非常熟悉，于是你愉快地答应了这几位游客的要求。

知识链接

图 5-4　购物服务

一、购物导游服务的原则

（一）思想重视、态度积极

每个导游人员必须认识到满足旅游者的购物要求是导游服务的重要内容之一，帮助旅游者购物导游人员责无旁贷。

（二）熟悉商品、热情宣传

为了满足旅游者不同的购物要求，导游人员应尽可能了解商品的产地、质量、使用价值、销售地点和价格等，并主动热情地向他们宣传，做好旅游者的购物参谋。

（三）了解对象、因势利导

为了更好地促销商品，导游人员不仅要熟悉中国的商品，还要做个有心人，设法了解旅游者是否有购物需求、购买能力以及他们希望购买什么样的商品，从而有针对性地提供购物服务，满足旅游者的购物愿望。

（四）掌握推销原则

导游人员提供的购物服务必须建立在旅游者"需要购物、愿意购物"的基础上，不得强买强卖，违法乱纪。在推销商品时，必须遵循下述原则：

1. 从游客的购物需求出发，因势利导

导游人员在提供导游服务过程中，不要过多安排购物时间，切忌强加于人，更忌拉旅游者到自己的"关系户"购物，图谋私利，以免引起旅游者的反感。

2. 实事求是，维护信誉

介绍商品要实事求是，价格要合理公道；不得做失实的介绍，不得以次充好，以假乱真，不得乱涨价；严禁导游人员为了私利与不法商人相勾结，坑蒙拐骗旅游者。

二、旅游者购物方面个别要求的处理

（一）要求单独外出购物

旅游者要求单独外出购物时，导游人员要予以协助，当好购物

参谋,如建议旅游者去哪家商场购物,为其安排出租车并写中文便条让其带上(注明商店名称、地址和饭店名称等)。但在旅游团快离开本地时,导游人员要劝阻旅游者单独外出购物。

(二)要求退换商品

旅游者购物后发现有质量问题、计价有误或对物品不满意,要求导游人员帮其退换时,导游人员应积极协助,必要时陪同前往。

(三)要求再去商店购买相中的商品

旅游者在某家商店看中某一(贵重)商品,当时犹豫不决,回饭店后又下决心购买,要求导游人员协助时,一般情况下只要时间许可,导游人员可写个便条(注明商品名称和请售货员协助之类的话)让其租车前往该商店购买,也可陪同前往。

(四)要求购买古玩或仿古艺术品

外国旅游者希望购买古玩或仿古艺术品,导游人员应带其到文物商店购买,买妥物品后要提醒其保存发票,不要将物品上的火漆印(如有的话)去掉,以便海关查验。如果旅游者要在地摊上选购古玩,导游人员应劝阻,并告知我国海关规定:携带我国出土的文物(包括古旧图书、字画等),应向海关递交中国文化行政管理部门的鉴定证明,否则不准携出,地摊是无法为其提供这种证明的。若发现个别旅游者有走私文物的可疑行为,导游人员须及时报告有关部门。

(五)要求购买中药材、中成药

"游客携带中药材、中成药出境,前往国外的,总值限人民币300元;前往港澳地区的,总值限人民币150元;寄往国外的中药材、中成药、总值限人民币200元;寄往港澳地区的,总值限人民币100元。进境游客出境时携带用外汇购买的、数量合理的自用中药材、中成药、海关凭有关发货票和外汇兑换证明放行。麝香、犀牛角、虎骨以及超出上述规定限值的中药材、中成药不准出境。"

(六)要求代为托运物品

旅游者购买大件物品后,要求导游人员帮助代办托运时,导游人员应向旅游者告知大商店一般经营托运业务；若商店无托运业务，导游人员要协助旅游者办理托运手续。

旅游者欲购买某一商品，但当时无货，请导游人员代为购买并托运，对旅游者的这类要求，导游人员一般应婉拒；实在推脱不掉的，导游人员要请示领导，一旦接受了旅游者的委托，导游人员应在领导指示下认真办理委托事宜；收取足够的钱款（余额在事后由旅行社退还委托者），把发票、托运单及托运费收据一同寄给委托人，旅行社保存复印件以备查验。

三、引导旅游者消费的技能

（一）正确引导游客购物

1. 动机应摆正，以满足游客的需要为出发点

如果导游员在整个旅游过程中显得过分关心此事，那他在进行购物推荐时，游客可能觉得导游员怀有个人目的。所以，导游员应当以广博的知识和良好的人格魅力、敬业精神，赢得客人对你的尊重和信任。

2. 熟悉商品知识，当好购物参谋

游客对旅游商品的需求在种类、档次、数量等方面有很大差异。因此，导游员应该了解当地商品的特色，在游客愿意购物的前提下当好购物参谋与顾问，帮助游客买到称心如意的产品。

有一名导游员看到一位美国游客在看一幅《嫦娥奔月》的国画并考虑是否购买时，这位导游员把中国国画的艺术与相关的背景知识结合到商品介绍中，并告诉这位美国游客，在华盛顿的宇航馆内也有一幅《嫦娥奔月》图，图旁的说明是："在人类历史上，谁第一个产生了到月亮上去的想法？是中国古代的嫦娥女士……"这样的介绍促成了这位美国游客的购物。这是一个把商品的文化价值与实用价值结合介绍的成功例子。

（二）向游客推荐好的附加旅游项目

很多旅行社会给游客提供一些可供选择的额外支付费用的附加

旅游项目，因为满足游客不同兴趣的最理想的方法，是帮助游客规划空闲时间。附加的旅游项目是对游客此次旅游的补充与调剂，好的附加旅游项目能使游客对此次旅游更加满意，成为游客一次有趣的经历。附加旅游项目可以单列在发给游客的日程表下方，这样使游客有选择的机会并愿意付额外的钱。

任务布置

一、任务名称

购物服务实训。

二、任务准备

1. 场地准备

校园内、户外或模拟实训室。

2. 物品准备

笔记本、笔、扩音器、学习卡片、实训报告书、白板笔、胶水、照相机、麦克风、U 盘、彩笔等。

3. 学生团队组建

请在规定时间内（5 分钟）自行组建 6 个学习小组，每组 6 ~ 8 人，给小组命名，并推选出小组长。

学习小组成员

组名	
组长姓名	
组员姓名	

任务实施

一、实训流程

（1）旅游者购物个别要求处理服务茶话会。

（2）情景模拟展示实训成果。

二、方法与步骤

学生在教师指导下，按小组完成任务。

（一）任务分配

1. 茶话会——情景剧流程

（1）教师将打印好的实训任务单发给各组小组长，每组 6 份，请小组长分配给组员。

（2）学生按小组围坐一起，针对任务单上的问题进行讨论，限时 30 分钟，要求每个组员必须回答一个问题，其他组员参与讨论，组长记录讨论情况。

（3）每小组分别抽选一个问题，设置情景剧，情景剧制作要求：

1）除借鉴课本知识外，应有自己的见解。

2）按小组轮流进行。

3）每完成一个实训任务，教师进行总结和评价。

2. 实训任务

当发生这种情况，你会怎么做：

（1）旅行社王经理安排你带一个南方来的旅游团在本溪旅游，根据组团社提供的资料，旅游团中部分游客，对地方民俗及风物特产有浓厚的兴趣，所以来到本溪后，应该会要求导游提供购物服务。那么，当获得这些情况时，你需要提前做哪些准备？你所知道的本溪风物特产有哪些？

（2）旅游团里有 4 位游客找到你，他们希望晚上能够出去购买点本溪的风物特产，请你推荐的同时想让你带他们去购买。遇到这种情况，你要怎么处理？你会推荐哪些风物特产给游客？

（3）旅游团里有3位游客一同来找你，他们想要单独出去购买辽砚、木刻和版画，此时，你要如何处理？辽砚、木刻、版画到本溪哪里购买质量比较可靠？请你推荐购物点，选择本溪某酒店为出发地并提供乘车路线。

（4）昨天刚刚购买了一副版画的游客找到你，他想要去把他昨天买的版画换一幅，因为他发现他买的版画有个细节有点瑕疵，同时他还想把昨天看中但是因为觉得价格有点高没有买的剪纸买下来。此时，你要如何处理？本溪著名的剪纸店有哪些？

（5）旅游团中有位游客是古玩爱好者，他来到本溪后就一直想要去购买一些古董和古玩，今天他特意来找你，希望你能带他去买古玩。这种情况下，你应该怎么做？另外，如果游客是一名外国游客，并且想在地摊上买古玩，你要怎么做？

（6）这次你带的是外国旅游团，其中有几位游客想购买一些中药材，因为他们不了解中药材，担心买错，所以邀请你带他们一起去购买。这种情况下，你会怎么做？

（二）实训成果展示

学生按流程分组进行讨论、情景模拟，一组进行情景剧表演结束后，其他小组对问题进行补充、提问进行互动，提升实训活动趣味性。

三、评价

（1）小组成员之间相互评价，总结实训过程中的优点和缺点。

（2）教师点评。教师从一个新的高度，对学生的实训过程进行全面的评价，肯定学生的实训成绩和效果，并指出不足之处。

四、修改完善

根据同学互评、教师点评，修改完善实训成果。

导游业务实训

任务评价

实训考核评价表

被考评人		实训地点	
评级内容	购物服务实训		
项目	要求细则	分值	得分
仪容仪表	着装符合导游人员的整体形象要求	10	
	容貌修饰得体	10	
	微笑服务，礼貌待人	10	
茶话会 活动	积极主动回答问题，参与小组讨论	10	
	问题解答正确，处理问题方法得当，符合流程及规定	10	
	语言表达能力强，体现个人应变及处理问题的能力	10	
	有个人独到的见解	10	
情景模拟	剧情条理清晰，知识点具有参考价值，有见地， 体现学生综合素质，体现小组团队精神	20	
学习态度	学习态度认真，知识运用能力强	10	
合计		100	

项目六 送站服务实训

实训目标

（1）掌握送站服务各个环节工作流程的操作规范。

（2）掌握欢送词的创作，熟练致欢送词。

（3）掌握地陪及全陪导游的离站服务工作。

（4）掌握误机（车、船）事故的处理方法。

情境描述

旅游团在本溪的旅游行程即将圆满结束，这几天的导游服务，你觉得虽然疲惫但非常充实，在学校学过的理论知识得到了很好的实践，在这次带团过程中，你与游客们建立了良好的关系，你遇到了很多问题，也增加了很多经验。

明天要送游客到沈阳桃仙机场，你已经做好了完全的准备，为游客在本溪的游程画下一个圆满的句号。

想一想：送站服务在导游服务中的重要作用。

任务一 离店服务实训

任务描述

今天，你的任务是送游客到沈阳桃仙机场搭 11：30 的航班离开辽宁，早上 8：30 用过早餐后，你带领游客们到酒店前台办理离店手续。

同办理入住手续一样，旅游团离开酒店时，导游人员需协助游客办理退房手续。一般情况下，导游人员应根据离开时间，提前安排和协调游客办理退房。昨天你已经提前请游客们与酒店结清所有自费项目账单，并协助妥善处理了一名游客打碎房间内漱口杯的赔偿事宜，所以今天办理退房既迅速又顺利。

知识链接

图 6-1　离店服务

一、送行前的业务准备

1. 核实交通票据

旅游团离开本地的前一天，核对团名、代号、人数、全陪姓名、航班（车次、船次）和始发/到达站、起飞（开车、启航）时间，弄清启程的机场（车站、码头）的位置等事项，提醒全陪向下一站交代有关情况。

2. 确定出行李的时间和方法

在旅游团离开的前一天与领队、全陪商定出行李的时间，并通知每一位旅游者，并安排好行李接运。

3. 商定第二天叫早、早餐、集合及出发时间

4. 协助饭店结清与旅游者有关的账目

旅游团离店前一天提醒、督促旅游者尽早与饭店结清所有自费项目账单（如洗衣费、电话费、饮料酒水费等），如有损坏客房设备，地陪应协助饭店妥善处理赔偿事宜；同时应通知酒店总台或楼层旅游团离房的时间，提醒他们及时与旅游者结清账目。

5. 提醒有关注意事项

提早告知旅游者行李托运的有关规定，提醒其将有效证件、所购买的贵重物品及发票放在手提包里随身携带，如系离境团，还应该提醒其准备好海关申报单，以备出关时查验。

6. 及时归还证件

若保留有旅游者的证件、票据等，应立刻归还，并当面点清。一般情况下，导游不应保留旅游团的旅行证件，若需用，可通过领队向旅游者收取，用完后立即归还。

二、离店导游服务

1. 集中交运行李

通常情况下，旅游者一般都会随身携带行李。

若出现游客行李过多不能自带的情况，离店前，导游应按商定的时间与领队、全陪、行李员一起检查和清点行李，确认行李完好，办好行李交接手续。

2. 办理退房手续

收齐房卡到总服务台办理退房手续，核对用房情况，确认无误后按规定结账签字。提醒游客带好个人物品及证件，询问游客住店

期间是否有消费,有消费的是否已与酒店结清账目。催促酒店查房,在确定房间没有损坏、游客账目结清、房间无遗留物品后,凭之前的押金单退回押金。

3. 集合登车

照顾游客上车入座,离开饭店前,导游要仔细清点人数,并得到领队的确认,并再次提醒游客清点自己的随身物品、各类证件和有无遗漏物品等。一切妥当后方可开车。

任务布置

一、任务名称

离店服务实训。

二、任务准备

1. 场地准备

校园内、户外或模拟实训室。

2. 物品准备

笔记本、笔、扩音器、学习卡片、实训报告书、白板笔、胶水、照相机、麦克风、U 盘、彩笔等。

3. 学生团队组建

请在规定时间内(5 分钟)自行组建 6 个学习小组,每组 6~8人,给小组命名,并推选出小组长。

学习小组成员

组名	
组长姓名	
组员姓名	

任务实施

一、实训流程

(1) 学生以小组为单位，按要求设计办理退房手续剧本。

(2) 根据剧本进行情景模拟，分角色扮演。

二、方法与步骤

(一) 创作退房手续办理服务剧本

1. 根据所学知识设计办理退房手续情景剧

通过情景剧展示解决以下三点问题：

(1) 605 房客人有自费项目账单——洗衣费未结清，601 房客人有自费项目账单——饮料酒水费用未结清。

(2) 603 房间内有一个水杯损坏，需要赔偿。

(3) 602 房内枕头下面发现一副蓝牙耳机和一个手机充电器。

2. 角色分导游、领队、游客、前台服务员等，也可根据实际情况设定角色

3. 退房手续办理流程，具体环节可根据情景剧设计自行调整

(1) 导游收齐房卡。

(2) 询问客人是否有消费未与酒店结清。

(3) 导游到酒店前台办理退房。

(4) 核对用房情况。

(5) 等候酒店查房。

(6) 客人自费项目账单处理。

(7) 客人损坏客房物品处理。

(8) 客人有遗留物品处理。

(9) 再次确认用房情况。

(10) 结账签字。

(二) 退房手续办理实训成果展示

学生分角色按小组情景模拟退房手续办理服务。一组进行情景

模拟时，其他小组成员既可作为观众观看，也可客串游客。

三、评价

（1）小组成员之间相互评价，总结实训过程中的优点和缺点。

（2）教师点评。教师从一个新的高度，对学生实训过程进行全面的评价，肯定学生的实训成绩和效果，并指出不足之处。

四、修改完善

根据同学互评、教师点评，修改完善实训成果。

任务评价

实训考核评价表

被考评人		实训地点	
评级内容	离店服务实训		
项目	要求细则	分值	得分
仪容仪表	着装符合导游人员的整体形象要求	10	
	容貌修饰得体	10	
	微笑服务，礼貌待人	10	
剧本创作	剧情生动，体现所学知识	20	
	处理问题方式方法得体正确	10	
	编剧有创新精神	10	
情景模拟	表演符合退房手续办理流程，贴合内容	10	
	具有个人的风格和魅力	10	
学习态度	学习态度认真，知识运用能力强	10	
合计		100	

任务二　导游欢送词创作与讲解实训

任务描述

致欢送词是给旅游团一个美好的结尾，给游客留下深刻、持久、终生难忘的印象的重要环节。

旅游车缓缓起动，即将开向机场，因为游客们对你的认可而很开心，对游客们的宽容与谅解也感到由衷的感谢，待旅游车平稳地开动起来，你拿起话筒，为游客献上你精心准备的欢送词。

知识链接

欢送词创作：

（1）表示惜别。表达友情和惜别之情，要诚恳，不可嬉皮笑脸。

（2）感谢合作。回顾旅游活动，感谢游客在旅途中给予的支持、合作、帮助和谅解，没有这一切，难以保证旅游的成功。

（3）旅程小结。一起回忆，给游客归纳总结之感。

（4）征求意见。征求旅游者对工作的意见和建议，旅游活动如有不尽如人意之处，可借此机会向游客表示歉意，告诉游客，经大家帮助，下一次会更好。

（5）期盼重逢。表达对游客的情谊和自己的热情，希望游客成为回头客。祝旅途愉快、表达美好祝愿等。

欢送词是导游接待工作的尾声，除文采外，更要讲究情真意切。中国有一位从业40年的英文导游，有这样一段欢送词："中国有句名言：'两山不能相遇，两人总能相逢。'我期盼不久的将来，我还会在中国，也可能在贵国相会。我期盼着再见，各位。"时至今日，这位导游仍会收到许多写着"来自一座山的问候"的贺卡。

任务布置

一、任务名称

导游欢送词创作与讲解实训。

二、任务准备

1. 场地准备

教室、户外或模拟实训室。

2. 物品准备

笔记本、笔、扩音器、学习卡片、实训报告书、白板笔、胶水、照相机、麦克风、U盘、彩笔等。

3. 学生团队组建

请在规定时间内（5分钟）自行组建6个学习小组，每组6~8人，给小组命名，并推选出小组长。

学习小组成员

组名	
组长姓名	
组员姓名	

任务实施

一、实训流程

（1）在教师指导下编写导游欢送词。

（2）以小组为单位，分别选择实训室或户外场地，进行导游欢送词讲解实训，并为实训的同学拍照，实训结束后，将照片上传至信息化教学平台，展示实训成果。

二、方法与步骤

学生在教师指导下，进行导游欢送词创作与讲解实训。

（一）欢送词创作

学生通过网络、本节所学知识点广泛收集资料，根据导游欢送词创作要求选择一种表达模式，创作导游欢送词。

1. 要求

（1）具有鲜明的特点与个性色彩，内容简洁明了，自我介绍突出自谦式、幽默调侃式、自识式三种表达模式的特点（表达模式参考：项目二任务二任务实施）。

（2）欢送词字数 800 字以内。

2. 导游欢送词范例

【经典导游欢送词范例】

虽然舍不得，但还是不得不说再见了，感谢大家几天来对我工作的配合和给予我的支持和帮助。在这次旅游过程中，还是有很多地方做得不到位，谢谢大家不但理解我而且还十分支持我的工作，这些点点滴滴的小事情使我很感动。也许我不是最好的导游，但是大家却是我遇见的最好的客人，能和最好的客人一起度过这难忘的几天也是我导游生涯中最大的收获。我一直觉得相识即是缘，我们能同车而行即是修来的缘分。现在我觉得不仅是缘分，更是一种幸运，能为最好的游客做导游是我的幸运。

我由衷地感谢大家对我的支持和配合。其实能和大家达成这种默契真的是很不容易，大家出来旅游，收获的是开心和快乐；而我作为导游带团，收获的则是友情和经历。我想这次我们都可以说是收获颇丰吧。也许大家登上飞机后，我们以后很难会有再见面的机会，不过我希望大家回去以后和自己的亲朋好友回忆自己的本溪之行的时候除了描述本溪水洞如何神奇瑰丽，不要忘了加上一句，在本溪有一个导游小李，那是我的朋友！

最后，送给大家一首歌曲《祝福》。祝福大家在以后的人生道路上一路好走，工作顺利、开心，工资高涨。预祝大家旅途愉快，以后若有机会，再来本溪会会您的朋友！

（二）导游欢送词讲解

学生按小组模拟进行导游欢送词的讲解。一名学生讲解时，其他几名学生扮演游客，并与导游进行互动。

三、评价

（1）小组成员之间相互评价，总结实训过程中的优点和缺点。

（2）教师点评。教师从一个新的高度，对学生的实训过程进行全面的评价，肯定学生的实训成绩和效果，并指出不足之处。

四、修改完善

根据同学互评、教师点评，修改完善实训成果。

任务评价

实训考核评价表

被考评人		实训地点	
评级内容	导游欢送词创作与讲解实训		
项目	要求细则	分值	得分
仪容仪表	着装符合导游人员的整体形象要求	10	
	容貌修饰得体	10	
	微笑服务，礼貌待人	10	

续表

	简洁明了，字数在要求范围之内	10	
导游词创作	具有鲜明的个性色彩	10	
	贴合三种表达模式中的一种，具有明显的特点	10	
	有个人独到的见解，有创新精神	10	
导游词讲解	讲解生动有趣，富有个人性格色彩	20	
学习态度	学习态度认真，知识运用能力强	10	
合计		100	

任务三　离站服务实训

任务描述

现在，旅游团已经到达机场，准备乘飞机离开。离站服务作为导游整个工作的最后一个环节，服务的好坏直接影响游客对此次旅行的印象。为了让游客对此次旅行保持美好的印象，你决定要以更加饱满的热情和良好的精神状态做好接下来的工作，使游客顺利、安全地离开。

知识链接

一、地陪导游离站服务

（一）提前抵达离站地点

如旅游者乘坐出境或沿海城市的航班离开，则要求提前 2 小时抵达机场；如旅游者乘坐国内航班离开，则要求提前 90 分钟抵达机场；如旅游者乘火车、轮船离开，则要求提前 1 小时抵达车站、码头。

旅行车抵达机场（车站、码头），下车前，地陪应提醒旅游者带齐随身行李物品，准备好旅行证件，并请司机协助检查车内有无旅游者的遗留物品。

（二）办理离站手续并告别

图 6-2　协助办理离站手续

1. 国内航班（车、船）的离站手续

（1）移交交通票据和行李票。

（2）等旅游团所乘交通工具启动后，地陪方可离开送站地点。

2. 国际航班（车、船）的出境手续

（1）移交行李。送出境的旅游团，地陪要和领队、全陪一起与旅行社行李员交接行李，清点、检查后协助将行李交给每位旅游者，由旅游者自己携带行李办理托运手续。

（2）地陪要向领队（或旅游者）介绍办理出境手续的程序。

（3）旅游团进入隔离区后，地陪、全陪才可离开。

（三）做好结算工作

若接待国内团，地陪应在团体结束当地游览活动后，离开本地前与全陪办理好拨款结算手续；若接待离境团，地陪应在团体离开后，与全陪办理好财务拨款结算手续，并妥善保管好单据。

二、全陪末站（离境站）服务

（一）做好提醒工作

提醒旅游者带好自己的物品和证件，特别是申报单上所列物品一定要随身携带，因为海关规定申报物品必须复带出境。

（二）协助办理离站手续并告别

提醒领队出关时有关行李托运、机场税的交纳、所需证件和表单，提醒旅游者准备好证件、交通票据、出境卡、申报单等。

当旅游者一一进入隔离区时，全陪应热情地与他们握手道别，并与地陪一起目送他们离开。

（三）做好结算工作

旅游团队的结账通常有现结和计划拨款两种。若是现结，则应当面点清钱币金额，并向接待方收取票证；若是计划拨款，应认真填写《旅行社旅游团费用结算表》。

任务布置

一、任务名称

离站服务实训。

二、任务准备

1. 场地准备

实训室或户外场地。

2. 物品准备

笔记本、笔、扩音器、学习卡片、实训报告书、白板笔、胶水、照相机、麦克风、U 盘、彩笔等。

3. 学生团队组建

请在规定时间内（5 分钟）自行组建 6 个学习小组，每组 6～8人，给小组命名，并推选出小组长。

学习小组成员

组名	
组长姓名	
组员姓名	

任务实施

一、实训流程

（1）学生按小组编写飞机场离站服务剧本。

（2）以小组为单位，分别选择实训室或户外场地，进行离站服务实训，并为实训的同学拍照，实训结束后，将照片上传至信息化教学平台，展示实训成果。

二、方法与步骤

学生在教师指导下，进行离站服务实训。

（一）创作离站服务剧本

1. 情景模拟剧本创作要求

（1）通过网络查找案例，并根据本部分所学知识点创作剧本，要求剧本内容围绕知识点及流程提示进行。

（2）将知识点串联起来制作剧本，角色分地陪、全陪、领队、司机、旅行社行李员、游客等，也可根据实际情况设定角色。

（3）剧本设定为送别一个来本溪旅游的境外团，离站地点为距离本溪最近（直线距离：44 公里）的沈阳桃仙国际机场。

（4）剧本设计宜简洁明了，不在细节上花费过多时间，表演限时 10 分钟。

（5）语言生动贴合知识点，注重发挥学生主观能动性，挖掘学生对知识点的敏锐度。

2. 知识点与流程提示

（1）提前到达离开地点。旅行车抵达机场，下车前，导游应提醒旅游者带齐随身行李物品，准备好旅行证件，并请司机协助检查车内有无旅游者遗留物品。

（2）办理离站手续并告别。①地陪、全陪和领队一起与行李员交接行李，清点、检查后将行李交给游客。②地陪、全陪向领队（或旅游者）介绍办理出境手续的程序，并请旅游者自带行李进入隔离区办理出境、登记手续。③与旅游者一一握手告别，旅游团进入隔离区后，地陪、全陪方可离开。

（3）做好结算工作。送走旅游团后，全陪与离境站的地陪做好结账工作，妥善保管结算单据。

（二）离站服务实训成果展示

学生分角色按小组情景模拟离站服务。一组进行情景模拟时，其他小组既可作为观众，也可客串游客。

三、评价

（1）小组成员之间相互评价，总结实训过程中的优点和缺点。

（2）教师点评。教师从一个新的高度，对学生的剧本及模拟实训过程进行全面的评价，肯定学生的实训成绩和效果，并指出不足之处。

四、修改完善

根据同学互评、教师点评，修改完善实训成果。

任务评价

实训考核评价表

被考评人		实训地点	
评级内容	离站服务实训		
项目	要求细则	分值	得分
仪容仪表	着装符合导游人员的整体形象要求	10	
	容貌修饰得体	10	
	微笑服务，礼貌待人	10	
剧本创作	剧情简洁明了，涉及知识点丰富	10	
	步骤先后顺序正确，符合规范流程	10	
	语言生动有趣，贴合知识点	10	
	体现团队合作，有创新精神	10	
情景模拟	角色扮演形象逼真	10	
	团队成员配合默契	10	
学习态度	学习态度认真，知识运用能力强	10	
合计		100	

任务四 误机情况处理实训

任务描述

作为导游，你深知误机（车、船）后果严重。因此，为给游客一段满意的旅行，你在送站前做了充分的准备和妥善的安排，坚决杜绝此类事故的发生。

知识链接

一、误机（车、船）事故的处理

误机（车、船）事故是指由于某些原因或有关工作人员工作的失误，旅游团（者）没有按原定航班（车次、船次）离开本站而导致暂时滞留。

在实际工作中往往出现导游人员已知旅游团（者）无法在飞机（火车、轮船）开启前抵达机场（车站、码头），误机（车、船）即将成为事实的将成事故和已经造成误机（车、船）的既成事故两种情况。无论是哪一种情况，导游人员和旅行社都应全力做好事故补救工作，使损失和影响减小到最低程度。

二、误机（车、船）事故的预防

图 6-3 核实交通票据

为了避免误机（车、船）事故的发生，导游人员应提前做好与旅行社有关部门核实旅游团离站交通票据的工作，确定班次有无变化。

（1）临行前，对交通票据进行"四核实"（计划时间的核实、票面时间的核实、时刻表的核实、问讯核实）。

（2）临行前，不安排旅游团去闹市区购物或自由活动。

（3）临行前，不安排旅游团去范围广、地域环境复杂的景点参观游览。

（4）安排充裕的时间，提前抵达机场（车站、码头）。

（5）旅行社应强化管理，制订必要的规章制度和严密、切实可行的接待工作程序。

（6）旅行社还应加强接待工作各环节的联系、检查和审核，制订合理的处罚条例。

任务布置

一、任务名称

误机情况处理实训。

二、任务准备

1. 场地准备

实训室或户外场地。

2. 物品准备

笔记本、笔、学习卡片、实训报告书、白板笔、扩音器、交通票据、照相机、U 盘等。

3. 学生团队组建

请在规定时间内（5分钟）自行组建 6 个学习小组，每组 6~8 人，给小组命名，并推选出小组长。

学习小组成员

组名	
组长姓名	
组员姓名	

任务实施

一、实训流程

以小组为单位，分别选择实训室或户外场地，进行误机情况处理实训，并为实训的同学拍照，实训结束后，将照片上传至信息化教学平台，展示实训成果。

二、方法与步骤

学生分组，在教师指导下，进行误机情况处理训练。

（一）将成事故的处理

1. 情景设定

地陪小王送旅游团去机场的途中遇上堵车，因为发生了一起特大交通事故，造成去机场的沿路交通几乎瘫痪。请问小王此刻应该如何处理？

2. 知识点提示

（1）处于一线的导游人员应立即向旅行社有关部门报告，请求帮助。

（2）导游人员和旅行社尽快与机场（车站、码头）调度室联系，说明该团名称、人数、所乘航班（车次、船次）延误原因、现在何处、大概何时能抵达等。

（3）旅行社领导应协调各方面关系，力争使该团按原计划离开当地。

（4）事后写成书面报告，查出事故的原因和责任。

（5）旅行社还应对有关部门责任人进行必要的批评和处罚。

3. 实训成果展示

根据设定的情景及知识点提示，各小组分配好角色（游客、全陪、地陪、机场工作人员、旅行社领导等），完成事故处理的模拟训练。

（二）既成事故的处理

1. 情景设定

导游员小张送团去机场，在去机场的途中，还要安排游客到市场购买油画。因为有位女游客没有按集合时间到达约定地点，大家一直在等她，电话也打不通。等她回来后，赶到机场，飞机已经起飞了。请问这时小张应该如何处理？

2. 知识点提示

（1）导游人员应及时向旅行社领导及有关部门报告。

（2）导游人员和旅行社尽快与机场（车站、码头）调度室联系，争取让离团旅游者乘下一班交通工具离开。

（3）若无法购买当天去下一站的交通票据，应与旅游者商量能否换乘其他交通工具。

（4）若不可能换乘其他交通工具，则应请旅行社有关部门安排购买最近日期的交通票据或安排包机（车、船）。

（5）稳定旅游者情绪，安排好旅游团在当地滞留期间的食宿和游览事宜。

（6）及时通知下一站接待社，对日程做相应的调整。

（7）如果对日程影响较大，则应通知国内组团社。

（8）向旅游团的全体旅游者赔礼道歉，必要时请旅行社领导出面致歉。

（9）采取相应的补偿措施，力争挽回旅行社的声誉。

（10）事后写出书面报告，查清事故责任，并对责任人给予相应的处罚。

3. 实训成果展示

根据设定的情景及知识点提示，各小组分配好角色（游客、全陪、地陪、机场工作人员、旅行社领导等），完成处理既成事故的模拟训练。

三、评价

（1）小组成员之间相互评价，总结实训过程中的优点和缺点。

（2）教师点评。教师从一个新的高度，对学生的实训过程进行全面的评价，肯定学生的实训成绩和效果，并指出不足之处。

四、修改完善

根据同学互评、教师点评，修改完善实训成果。

任务评价

实训考核评价表

被考评人		实训地点	
评级内容	误机情况处理实训		
项目	要求细则	分值	得分
仪容仪表	着装符合导游人员的整体形象要求	10	
	容貌修饰得体	10	
	微笑服务，礼貌待人	10	
将成事故的处理	处理问题的方法正确、灵活	10	
	角色扮演形象逼真	10	
	语言生动，贴合知识点	10	
既成事故的处理	处理问题的方法正确、灵活	10	
	角色扮演形象逼真	10	
	语言生动，贴合知识点	10	
学习态度	学习态度认真，知识运用能力强	10	
合计		100	

项目七 后续工作处理实训

实训目标

（1）能够熟练完成结账手续的办理与工作总结的撰写等工作。

（2）能够运用正确的方法，应变处理后续工作中出现的各种问题。

情境描述

送走旅游团后，你感觉轻松了许多，但是你知道自己的工作还没有结束，接下来你还需要妥善处理旅游团的各种后续事宜，包括写好工作总结，做好此次旅行活动的收尾工作。

想一想：你需要做好哪些后续工作？

任务一 善后工作实训

任务描述

出色完成前面一系列工作的你对后续工作的处理信心满满，一大早，你便来到旅行社开始处理游客临行前委托的事情，并在规定时间内与财务部门结清了账目，归还了从旅行社借出的物品。

知识链接

一、地陪导游善后工作

（一）处理遗留问题

地陪应按有关规定和旅行社领导的指示，妥善处理好旅游者临行前的委托事宜，如委托代办托运、转交信件、转递物品等。

（二）结清账目，归还物品

送走旅游团后，地陪应按照旅行社的具体要求，在规定时间内与财务部门结清账目，归还有关资料、表单及物品。若应归还的物品有破损或丢失，应按旅行社的规定办理。

图 7 – 1　善后工作处理

二、全陪导游善后工作

（一）处理遗留问题

全陪导游需要根据旅行社领导的指示，依照导游工作规范，认真办理好旅游者的委托事项。如果确有困难无法完成或不能尽快完成，全陪要及时向旅游者说明原因。

（二）结清账目，归还物品

全陪返回单位后，要尽快与旅行社财务部门结清账目，把从旅行社借出的物品如数归还。

三、领队导游善后工作

（一）处理遗留问题

领队要在旅行社领导的指导下，认真办理好旅游者委托的事项，做好事故的善后处理工作，帮助旅游者向有关保险公司要求索赔等。领队还要协助旅行社处理可能出现的投诉。

（二）结清账目，归还物品

领队在散团后，同样应与旅行社结清账目，归还所借物品。

任务布置

一、任务名称

导游善后工作实训。

二、任务准备

1. 场地准备

实训教室。

2. 物品准备

笔、学习卡片、实训报告书、团队结算单、费用报销清单、白板笔、照相机、麦克风、U 盘、彩笔等。

3. 学生团队组建

请在规定时间内（5分钟）自行组建6个学习小组，每组6~8人，给小组命名，并推选出小组长。

学习小组成员

组名	
组长姓名	
组员姓名	

任务实施

一、实训流程

以小组为单位，分别进行善后工作实训，并为实训的同学拍照，实训结束后，将照片上传至信息化教学平台，展示实训成果。

二、方法与步骤

学生在教师指导下，进行善后工作实训。

（一）处理遗留问题

学生广泛搜集所学知识点的相关资料，各小组任选其中一个情景进行问题模拟处理。

（1）某美国旅游团完成在中国的旅程后，将乘坐 FA936 航班出境，该团离境前，一位游客找到全陪小王，请她将一个包裹转交给 A 市的一位朋友。并向她解释说包裹里是贵重物品，是专门从美国带来的，他朋友出差在外不能亲手交给他，希望导游小王帮忙代为转交。请问：全陪小王该如何做？

（2）结束了五天的云南之旅，某北京旅行团准备返程，出发前，游客张小姐找到地陪小刘，解释说她在当地订了一幅巨型油画，由于返程时间紧迫不能及时托运，希望小刘后续可以帮忙代为托运。请问：地陪小刘该怎么做？

（二）结账、归还物品

1. 情景设定

"欢乐行"的地陪小刘送走旅行团后，按旅行社规定要在一星期之内到旅行社办理结账手续，并需要及时归还所借物品。

2. 知识点与流程提示

（1）按时报账。

（2）填写相关单据。主要包括团队结算单和费用报销清单。填写要求：分项填写；空白项用"/"划掉；注意签字。

××旅游公司团队结算单

团号				人数			
旅行社				导游			
现付费用				导游交公司			
项目	明细	人数	单价	金额	项目	人数	标准	金额
门票					茶单			
					药单			
套餐								
房费								
车费								
总计金额								

导游报账日期：_____　　接团人审核日期：_____　　财务审核日期：_____

费用报销清单　　报销日期：　　年　　月　　日

用途	报销数		财务审核意见
	单据张数	金额	
金额合计（大写）			审核盖章
付讫记录	现金：　　　银行：　　　转账：		

单位负责人：＿＿＿＿　　保管验收或证明：＿＿＿＿　　经报人：＿＿＿＿

（3）整理并粘贴票据。

（4）领导审核签字。

（5）到财务部门报账。

（6）归还所借物品。

3. 实训成果展示

根据设定的情景及流程提示，各小组成员按地陪、部门领导、财务人员等不同角色进行分工，模拟结账、归还物品工作。

三、评价

（1）小组成员之间相互评价，总结实训过程中的优点和缺点。

（2）教师点评。教师从一个新的高度，对学生的实训过程进行全面的评价，肯定学生的实训成绩和效果，并指出不足之处。

四、修改完善

根据同学互评、教师点评，完善实训成果。

任务评价

实训考核评价表

被考评人		实训地点	
评级内容	善后工作实训		
项目	要求细则	分值	得分
仪容仪表	着装符合导游人员的整体形象要求	10	
	容貌修饰得体	10	
	微笑服务，礼貌待人	10	
处理遗留问题	处理问题的方法正确、灵活	10	
	角色扮演形象逼真	10	
	语言生动，贴合知识点	10	
结账、归还物品	步骤先后顺序正确，符合规范流程	10	
	表格内容填写正确无误	10	
	角色扮演形象逼真	10	
学习态度	学习态度认真，知识运用能力强	10	
合计		100	

任务二 工作总结实训

任务描述

报账结束后，你便开始撰写工作总结，撰写过程中，你细致认真、实事求是，对自己此次出行向旅行社做了一个全面、真实的汇报，为此次带团画上了一个圆满的句号。

知识链接

图 7 - 2 撰写工作总结

一、地陪导游工作总结

送走旅游团后，地陪应认真做好带团小结，实事求是地汇报接团情况。如旅游中发生重大事故，要整理成书面材料向旅行社领导汇报。对旅游者的意见和建议也要如实汇报，力求引用原话，并注明旅游者的身份。地陪还可根据在接待过程中所存在的问题做自我批评，及时改进提高。

二、全陪导游工作总结

送走旅游团,全陪导游还要撰写全陪日志,全陪日志的内容主要侧重于旅游团整个行程的情况,若有事故发生,要写出事故的经过。并总结在全陪过程中的不足和缺点,帮助自己在下次的导游服务中能够更出色地完成任务。

三、领队工作总结

同样,散团后领队也要写领队日志,通过领队日志,组团社可了解地陪社所在国(地)的旅游业状况、服务水平、从业人员水平、发展方向、旅游设施等情况,从而对以后的合作进行必要的调整和采取相应措施。

任务布置

一、任务名称

导游工作总结实训。

二、任务准备

1. 场地准备

教室。

2. 物品准备

笔、学习卡片、实训报告书、白板笔、照相机、U 盘、彩笔等。

3. 学生团队组建

请在规定时间内(5 分钟)自行组建 6 个学习小组,每组 6~8人,给小组命名,并推选出小组长。

学习小组成员

组名	
组长姓名	
组员姓名	

任务实施

一、实训流程

教师指导学生撰写相关工作总结，并为学生拍照。

二、方法与步骤

学生在教师指导下，进行地陪带团小结、全陪日志、领队日志撰写实训。

（一）撰写地陪带团小结

依据下面旅游团行程及地陪带团小结知识点提示，按模板撰写地陪带团小结。

1. 旅游团行程表

蜀南竹海三日游

出团日期：2017. 6. 11 人数：20（用房 10 标）

日期	交通	行程	用餐			酒店
			早	中	晚	
6. 11	飞机	接机，入住酒店			√	宜宾
6. 12	大巴	早餐后至国家 AAAA 级风景名胜区——蜀南竹海，抵达后参观游人中心、竹海博物馆；漫游忘忧谷景区；后乘竹海索道（自费）至观海楼观竹海全景；观卧虎藏龙拍摄地点；下索道游翡翠长廊景区；午餐后至海中海景区（天门——风云 Ⅱ 拍摄基地），游览仙寓洞、天宝寨景区	√	√	√	宜宾

日期	交通	行程	用餐			酒店
			早	中	晚	
6.13	火车	早餐后自由活动，下午返回南京，结束愉快的行程	√	√		宜宾
报价		980 元/人				
接待标准		（1）住宿：三星级酒店（或应委托旅行社指定的待评定星级酒店） （2）用餐：酒店含早餐，正餐八菜一汤十人一桌 （3）交通：全程当地空调旅游车（一人一正座） （4）门票：除自费项目以外的所列景点门票 （5）导游：优秀挂牌导游带团服务 （6）机票：往返机票及机场建设燃油费 报价未含：①个人消费；②行程内自费项目，自由活动期间的餐费、车费、导游服务费				
特别说明		致：委托旅行社 （1）我社接团时，如客人行程与我社安排行程不符，由此产生的投诉或法律责任由委托旅行社全权负责 （2）委托旅行社对以上行程安排相关事项告知有误或误导游客的情况，由委托旅行社承担投诉或法律责任 （3）此行程如有景点顺序前后调整以我社最终行程为准，但不减少景点				

2. 地陪带团小结知识点提示

（1）旅游团名称、人数、全陪和境外领队的姓名、下榻酒店名称。

（2）旅游团成员基本情况、背景、活动中表现出的特点及兴趣。

（3）旅游团重点人物、一般成员的反映及意见。

（4）各地接待社住宿、餐饮、游览车的落实情况及导游人员的讲解水平和工作态度。

（5）行程中有无意外、失误发生及处理情况。

（6）本次带团成功经验及教训的总结。

（7）小结汇报人的姓名及日期。

3. 地陪带团小结模板

地陪带团小结

导游		日期	
出团日期		团号	
人数		线路	
带团小结			
计调意见			
总经理评价			

（二）全陪日志撰写

学生依据下面旅游团行程表及全陪日志知识点提示，按模板撰写全陪日志。

1. 旅游团行程表

辽宁大连＋旅顺＋营口＋盘锦＋丹东＋本溪＋沈阳6日5晚跟团游

出团日期：2017.7.5　　　　　　　　　　　　　　人数：32（用房16标）

日期	交通	行程	用餐			酒店
			早	中	晚	
7.5	飞机	接机，入住酒店				大连
7.6	大巴	早餐后，乘大巴前往旅顺，游日俄监狱旧址博物馆、旅顺潜艇博物馆、巡航模拟馆、电岩炮台，午餐后游览白玉山景区、黄渤海分界线、旅顺军港和星海广场，之后乘车前往营口入住金泰珑悦海景大酒店	√	√		营口
7.7	大巴	早餐后，前往盘锦红海滩游览，红海滩之旅结束后，乘车前往丹东，用晚餐后自由活动，后前往丹东福瑞德大酒店入住	√	√	√	丹东

续表

日期	交通	行程	用餐			酒店
			早	中	晚	
7.8	大巴	早餐后，前往燕窝铁路桥、虎山长城、中朝边境一步跨游览，午餐后游览鸭绿江、月亮岛，后前往丹东福瑞德大酒店入住	√			丹东
7.9	大巴	早餐后，乘车前往本溪。参观九曲银河—本溪水洞。探索本溪水洞的奇妙，之后乘车前往沈阳继续开心的旅程。游览"9·18"历史博物馆，游览完后，乘车返回酒店办理入住，简单收拾后，自由活动	√	√		沈阳
7.10	飞机	早餐后，乘车前往沈阳故宫、张氏帅府进行游览；午餐后，乘机返回，结束愉快旅程	√	√		
报价		3650 元/人				
接待标准		(1) 住宿：五星级酒店 (2) 用餐：酒店含早餐，正餐九菜一汤八人一桌 (3) 交通：全程当地空调旅游车（一人一正座） (4) 门票：除自费项目以外的所列景点门票 (5) 导游：全程陪同中文导游服务 (6) 机票：往返机票及机场建设燃油费 报价未含：①个人消费；②行程内自费项目，自由活动期间的餐费、车费、导游服务费				
特别说明		致：委托旅行社 (1) 我社接团时，如客人行程与我社安排行程不符，由此产生的投诉或法律责任由委托旅行社全权负责 (2) 委托旅行社对以上行程安排相关事项告知有误或误导游客的情况，由委托旅行社承担投诉或法律责任 (3) 此行程如有景点顺序前后调整以我社最终行程为准，但不减少景点				

2. 全陪日志知识点提示

（1）旅游团的基本情况。

（2）旅游日程安排及交通情况。

（3）各地接待质量（指旅游者对食、宿、行、游、购、娱等方面的满意程度）。

（4）对发生的问题及事故的处理经过。

（5）旅游者的反馈及改进意见。

3. 全陪日志模板

全陪日志

单位/部门			团号	
全陪姓名			组团社	
领队姓名			国籍	
接待时间	年　月　日至　年　月　日		人数	（含　岁儿童　名）

途经城市

团内重要客人，特别情况与要求

领队或旅游者的意见、建议和对旅游接待工作的评价

该团发生的问题和处理情况（意外事件、旅游者投诉、追加费用等）

全陪意见和建议

全陪对全过程服务的评价　　　合格　　　不合格

行程状况	顺利	较顺利	一般	不顺利
领队评价	满意	较满意	一般	不满意
服务质量	优秀	良好	一般	比较差

全陪签字	部门经理签字	管理部门签字

填写日期

注：总评价为合格的条件：各站评价均为合格。

总评价为不合格的条件：总评价中领队评价和服务质量两项出现"不满意"或"比较差"。

（三）领队日志撰写

学生依据自制旅游团行程表及领队日志知识点提示，按模板撰写领队日志。

1. 旅游团行程表（自制）

以辽宁 6 日 5 晚跟团游行程表为模板，查找相关资料，制作泰国 5 日 4 晚跟团游行程表。

2. 领队日志知识点提示

（1）游客意见、建议，对本次旅游的反映。

（2）接待方接待水准，旅游设施状况。

（3）接待社全陪、各地地陪的服务水平、服务态度、处理问题的能力等。

（4）行程落实情况及存在问题。

（5）旅游过程中出现的问题、事故及处理经过、结果、游客反映等。

（6）与地接社导游员间的合作情况和存在的问题。

（7）自己的总结和意见。

3. 领队日志模板

领队日志

团号		领队		团队人数		
路线				往返日期		
满意度 项目		领队信息反馈			说明意见或建议	
		满意	一般	较差		
用餐	早					
	中					
	晚					
住宿	星级					
	标准					

续表

交通工具	新旧			
	车况			
	卫生			
景点执行情况	景点价值			
	游览时间			
购物情况	进店次数			明细:
	进店时间			明细:
	与行程是否相符			明细:
	有无增减购物店			明细:
地陪服务情况	地接社	导游姓名及电话		服务质量
有无推荐自费	有□		无□	
	项目明细:			
领队带团总结及建议				

要求：（1）领队要担负起领队应负的职责，照顾好团队客人，并监督地接情况，发现问题及时报告旅行社。

（2）领队在反映基本问题时要注明准确地点名称，总结及感想要认真整理。

（3）以上各项请领队认真、详细、负责地填写，不要隐瞒，要实话实说。

（4）此表格随报账单一并交回旅行社。

三、评价

（1）学生之间相互评价，总结实训过程中的优点和缺点。

（2）教师点评。教师从一个新的高度，对学生的实训过程进行全面的评价，肯定学生的实训成绩和效果，并指出不足之处。

四、修改完善

根据同学互评、教师点评，修改完善实训成果。

任务评价

实训考核评价表

被考评人		实训地点	
评级内容	工作总结实训		
项目	要求细则	分值	得分
仪容仪表	着装符合导游人员的形象要求	10	
	容貌修饰得体	10	
撰写标准	工作总结撰写完整、真实	20	
	工作总结撰写正确、规范	20	
	文字书写整齐、美观	15	
	行程表制作符合要求	15	
实训态度	学习态度认真，知识运用能力强	10	
合计		100	

项目八　导游服务常见事故处理实训

实训目标

（1）掌握食物中毒的预防与应急措施。

（2）掌握遗失证件、钱物、行李的处理方法及预防措施。

（3）掌握游客走失的处理方法及预防措施。

（4）掌握游客患病、死亡的处理方法及预防措施。

（5）掌握交通事故的处理方法及预防措施。

（6）掌握火灾事故的处理方法及预防措施。

情境描述

虽然你是一名新晋导游员，但你出色地完成了此次带团任务，不仅做好了讲解工作，还很好地照顾了游客的生活起居，在带团过程中，你认真负责，细致严谨，在合理安排活动日程的同时，在一些特殊环节又及时做好了预防、提醒工作，保障了游客生命、财产的安全，为游客带来了一段美妙而又难忘的旅程。

想一想：如何做好导游服务常见事故的预防与处理工作？

任务一　食物中毒处理实训

任务描述

旅游者因食用变质或不干净的食物，常会发生食物中毒，若抢救不及时甚至会有生命危险。因此，在整个带团过程中，你严格按照规定，尽量安排游客在旅游定点餐厅就餐，如遇游客自由用餐，你也会及时提醒大家不要在路边的小摊上购买食物，注意饮食卫生等。

那么，旅游者发生食物中毒事件时，应怎样处理呢?

知识链接

一、食物中毒的应急措施

（一）催吐

如果服用时间在 1~2 小时，可使用催吐的方法。立即取食盐 20 克加 200 毫升开水使盐溶解，冷却后一次喝下，如果不吐，可多喝几次，迅速促进呕吐。也可用鲜生姜 100 克捣碎取汁，用 200 毫升温水冲服。如果吃下去的是变质的荤食，则可服用"十滴水"来促使患者迅速呕吐。对于有的患者还可用筷子、手指或鹅毛等刺激催吐。

（二）导泻

如果客人服用食物时间较长，一般已超过 2~3 小时，而且精神较好，则可服用些泻药，促使变质食物尽快排出体外。

（三）解毒

如果是吃了变质的鱼、虾、蟹等引起的食物中毒，可取食醋 100 毫升加水 200 毫升，稀释后一次服下。若是误食了变质的饮料或防腐剂，最好的急救方法是用鲜牛奶或其他含蛋白的饮料灌服。

图 8 - 1 催吐

二、食物中毒的预防

（1）严格执行在旅游定点餐厅就餐的规定。

（2）提醒旅游者不要在路边的小摊上购买食物。

（3）用餐时，若发现食物、饮料不卫生，或有异味变质的情况，导游人员应立即要求餐厅更换，并要求餐厅负责人出面向游客道歉，必要时向旅行社领导汇报。

任务布置

一、任务名称

食物中毒处理实训。

二、任务准备

1. 场地准备

实训教室。

2. 物品准备

笔、学习卡片、实训报告书、白板笔、盐水、生姜、牛奶、食醋、照相机、U 盘等。

3. 学生团队组建

请在规定时间内（5 分钟）自行组建 6 个学习小组，每组 6～8人，给小组命名，并推选出小组长。

学习小组成员

组名	
组长姓名	
组员姓名	

任务实施

一、实训流程

以小组为单位，分别进行食物中毒处理实训，并为实训的同学拍照，实训结束后，将照片上传至信息化教学平台，展示实训成果。

二、方法与步骤

学生分组，在教师指导下，进行食物中毒处理训练。

（一）情景阅读与思考

1. 情景设定

导游小李带一个北京旅游团一行 15 人到本溪关门山国家森林公园游览，一路上游客在小李的带领下游览得十分愉快，下午在行车途中，游客王先生突然对小李说他身体不适。正当小李了解情况时，又有三四位游客说不舒服，而且表现出的症状极为相似。小李一打听，原来这几名游客在上午的游览中都吃过王先生从小贩处购买的油炸食品。请问，此时导游小李应该如何处理？

2. 知识点提示

图 8 – 2　毒蘑菇

（1）判断是否属于食物中毒。①食物中毒是指由细菌性、化学性、真菌性和有毒动植物等引发的暴发性中毒。②食物中毒的特点：许多人同时发病，病状相似，病情急，进展快，食用过某种食物。

（2）食物中毒的处理方法。①立即采取排毒措施，设法催吐并让食物中毒者多喝水加速排泄，缓解毒性。②立即将客人送医院抢救，请医生开具诊断证明。

（3）迅速报告旅行社。向旅行社报告用餐地点，追究用餐单位责任。

（二）食物中毒的处理实训成果展示

根据设定的情景及知识点提示，各小组分配好角色（游客、全陪、地陪等），完成食物中毒处理的模拟训练。

三、评价

（1）小组成员之间相互评价，总结实训过程中的优点和缺点。

（2）教师点评。教师从一个新的高度，对学生的实训过程进行全面的评价，肯定学生的实训成绩和效果，并指出不足之处。

四、修改完善

根据同学互评、教师点评，完善实训成果。

任务评价

实训考核评价表

被考评人		实训地点	
评级内容	食物中毒处理实训		
项目	要求细则	分值	得分
仪容仪表	着装符合导游人员的整体形象要求	10	
	容貌修饰得体	10	
	微笑服务，礼貌待人	10	
情景模拟	遇到问题反应迅速、及时	20	
	处理问题方法正确、灵活	20	
	角色扮演形象逼真	10	
	语言生动，贴合知识点	10	
学习态度	学习态度认真，知识运用能力强	10	
合计		100	

任务二 证件遗失处理实训

任务描述

外出旅游的过程中，游客经常丢失东西，即使是最重要的证件都有可能丢失，这是非常严重的事情，甚至会影响到整个团队的行程。你深知证件丢失后果严重，因此在整个带团过程中你多次提醒大家，杜绝了此类事故的发生。

知识链接

一、证件遗失的处理

图8-3　护照

当发现旅游者丢失证件时，导游人员首先应请失主冷静地回忆，详细了解情况并帮助寻找。如证件确已丢失，导游人员则应马上报告旅行社，根据旅行社的安排，协助失主向公安部门报失，重新申领新的证件，费用由失主自理。

二、证件遗失的预防

（1）导游人员要不厌其烦地反复提醒旅游者保管好自己的证件，这是防止证件遗失的最有效的方法。

（2）导游人员在工作中需要旅游者证件时，要由领队收取，用完后立即如数归还，千万不可代为保管。还要提醒旅游者保管好自己的证件。

（3）每次旅游者下车后，导游人员都要提醒司机清车、关窗并锁好车门。

任务布置

一、任务名称

证件遗失处理实训。

二、任务准备

1. 场地准备
实训室或户外场地。

2. 物品准备
笔、学习卡片、实训报告书、白板笔、护照、身份证、照相机、U 盘等。

3. 学生团队组建
请在规定时间内（5 分钟）自行组建 6 个学习小组，每组 6～8
人，给小组命名，并推选出小组长。

学习小组成员

组名	
组长姓名	
组员姓名	

任务实施

一、实训流程

以小组为单位，进行证件遗失的处理实训，并为实训的同学拍照，实训结束后，将照片上传至信息化教学平台，展示实训成果。

二、方法与步骤

学生分组，在教师指导下，进行证件遗失的处理训练。

（一）情景阅读与思考

1. 情景设定

情景设定一：

导游小张带领一个辽宁的旅游团到英国旅游，几天的游览下来，一切都很顺利，游客们对此次旅行也十分满意，但在回国的前一天，游客刘先生突然发现他的护照和身份证件都不见了。请问，此时导游小张该如何处理？

情景设定二：

导游小李带领一个全部由新加坡华侨组成的旅行团在大陆已经旅游了两周，即将结束旅游从上海乘机返回新加坡。突然，游客王女士告诉小李她的护照找不到了。王女士很紧张，担心没有护照不能按计划离境回新加坡。请问，此时小李该如何处理？

2. 知识点提示

（1）丢失外国护照和签证。①由遗失地接待旅行社出具证明。②请失主准备照片。③失者持旅行社开具的证明去当地公安局报失，由公安局出具证明。④失者持公安局报失证明及照片去所在国驻华使领馆申办新护照。⑤领到新护照后，再到当地公安局出入境管理处办理签证手续。

（2）丢失团队签证。①由接待社开具遗失公函。②准备原团体签证复印件（副本）。③重新打印与原团体签证格式、内容相同的该团人员名单。④该团全体旅游者的护照。⑤持以上证明材料到公安局出入境管理处报失，并填写有关申请表（可由一名旅游者填写，其他成员附名单）。

（3）丢失中国护照和签证。

华侨在中国境内遗失护照：①由当地接待社核实后开具遗失证明。②失主持遗失证明和照片到遗失地公安机关出入境管理部门报失并申请办理新护照。③持新护照去其侨居国驻华使领馆办理入境签证手续。

中国出境旅游者在国外遗失护照：①由当地导游陪同协助在接待社开具遗失证明。②失主持遗失证明到当地警察机构挂失并取得报案证明。③失主持报案证明到中国驻该国使领馆领取"中华人民共和国旅行证"。④用"中华人民共和国旅行证"完成余下行程，回国后凭上述材料，申请补发新护照。

（4）丢失中国香港、中国澳门地区居民来往内地通行证。①由接待社核实后开具遗失证明。②向遗失地的公安机关报失，取得报失证明。③到当地公安机关出入境管理部门申请返回中国香港、中国澳门地区证件，经核实后发给失主一次性有效的出入境通行证。④旅游者返回港澳地区后，向通行证受理机关申请补发新的通行证。

（5）丢失《台湾同胞旅行证明》。①由接待社核实后开具遗失证明。②向遗失地的公安机关报失，取得报失证明。③携旅游团接待计划和上述证明到当地公安机关出入境管理部门申请一次性有效的出境通行证。

（6）丢失中华人民共和国居民身份证。①由当地接待社核实后开具证明。②失主持证明到当地公安局报失，经核实后开具身份证明。③用"身份证明"完成余下的行程后，回到户籍所在地的公安机关，重新办理身份证。

（二）证件遗失的处理实训成果展示

（1）各小组派代表课上抽签决定需要模拟的情景（其中3个小组模拟情景一的处理，另外3个小组模拟情景二的处理，但每个小组课下需要准备证件丢失不同状况处理的演示）。

（2）根据设定的情景及知识点提示，各小组分配好角色（游客、全陪、地陪、领队等），完成证件遗失处理的模拟训练。

（3）一组进行情景模拟时，其他小组作为观众观看，也可客串游客。

三、评价

（1）小组成员之间相互评价，总结实训过程中的优点和缺点。

（2）教师点评。教师从一个新的高度，对学生的实训过程进行全面的评价，肯定学生的实训成绩和效果，并指出不足之处。

四、修改完善

根据同学互评、教师点评，完善实训成果。

任务评价

实训考核评价表

被考评人		实训地点	
评级内容	证件遗失处理实训		
项目	要求细则	分值	得分
仪容仪表	着装符合导游人员的整体形象要求	10	
	容貌修饰得体	10	
	微笑服务，礼貌待人	10	
情景模拟	遇到问题反应迅速、及时	20	
	处理问题方法正确、灵活	20	
	角色扮演形象逼真	10	
	语言生动，贴合知识点	10	
学习态度	学习态度认真，知识运用能力强	10	
	合计	100	

任务三　钱物遗失处理实训

任务描述

在旅游期间，游客丢失钱物的现象时有发生，不仅会给游客造成经济损失，也会给导游人员的工作带来困难。因此，在带团过程中你积极采取各种措施，预防并杜绝了此类事故的发生。

知识链接

一、钱物遗失的处理

（一）帮助其寻找

（1）安慰失主，设法稳定其情绪，导游人员要详细了解物品的丢失经过，丢失物品的形状、特征、价值，分析物品丢失的可能时间和地点并积极帮助寻找。

（2）仔细分析物品的丢失原因，迅速判断财物是遗失还是被盗。

（二）迅速报案

证件、财物特别是贵重物品被盗是治安事故，导游人员必须立即向公安部门和保险公司报案，协助有关人员查清线索，力争破案，找回被窃证件、物品，挽回不良影响。

（三）开具必要证明

若丢失的是进关时登记并须复带出境或上过保险的贵重物品，接待社要开具证明，失主持旅行社证明到当地公安局开具遗失证明，以备出海关时查验或向保险公司索赔。

巧妙地提醒了游客注意财产安全

图 8-4 钱物遗失

二、钱物遗失的预防

（1）导游人员多做提醒工作，入住酒店后，导游人员应提醒旅游者寄存贵重物品；离开酒店时，提醒旅游者清点好自己的物品；离开旅游车时，提醒旅游者不要将贵重物品遗留在车上；参观游览期间，尤其是在热闹、拥挤的场所活动时，要提醒旅游者保管好自己的钱包、提包和贵重物品等。

（2）每次旅游者下车后，导游人员都要提醒司机清车、关窗并锁好车门。

任务布置

一、任务名称

钱物遗失处理实训。

二、任务准备

1. 场地准备

实训室或户外场地。

2. 物品准备

笔、学习卡片、实训报告书、白板笔、钱包、提包、名表、首饰、照相机、U 盘等。

3. 学生团队组建

请在规定时间内（5 分钟）自行组建 6 个学习小组，每组 6~8 人，给小组命名，并推选出小组长。

学习小组成员

组名	
组长姓名	
组员姓名	

任务实施

一、实训流程

以小组为单位，分别进行钱物遗失的处理实训，并为实训的同学拍照，实训结束后，将照片上传至信息化教学平台，展示实训成果。

二、方法与步骤

学生分组，在教师指导下，进行钱物遗失的处理训练。

（一）创作钱物遗失处理剧本

1. 情景模拟剧本创作要求

（1）通过网络查找案例，并根据本部分所学知识点创作剧本，要求剧本内容围绕知识点及流程提示进行。

（2）将知识点串联起来创作剧本，角色分地陪、全陪、司机、公安部门人员、保险公司人员、游客等，也可根据实际情况设定角色。

（3）剧本设计宜简洁明了，不在细节上花费过多时间，表演限时 10 分钟。

（4）语言生动贴合知识点，注重发挥主观能动性，挖掘对知识点的敏锐度。

2. 知识点与流程提示

（1）帮助其寻找。①导游人员详细了解失物的情况。②分析物品丢失的可能时间和地点。③积极帮助寻找。

（2）迅速报案。①财物被盗是治安事故，导游人员须立即向公安部门和保险公司报案。②协助有关人员查清线索，力争破案。

（3）开具必要证明。①若丢失的是入关时登记须复带出关的物品，接待社要出具证明。②失主持证明到当地公安局开具遗失证明，以备出关时查验或向保险公司索赔。

（二）钱物遗失的处理实训成果展示

学生分角色按小组情景模拟钱物遗失的处理。一组进行情景模拟时，其他小组既可作为观众观看，也可客串游客。

三、评价

（1）小组成员之间相互评价，总结实训过程中的优点和缺点。

（2）教师点评。教师从一个新的高度，对学生的实训过程进行全面的评价，肯定学生的实训成绩和效果，并指出不足之处。

四、修改完善

根据同学互评、教师点评，完善实训成果。

导游业务实训

任务评价

实训考核评价表

被考评人		实训地点	
评级内容	钱物遗失处理实训		
项目	要求细则	分值	得分
仪容仪表	着装符合导游人员的整体形象要求	10	
	容貌修饰得体	10	
	微笑服务，礼貌待人	10	
剧本创作	剧情简洁明了，涉及知识点丰富	10	
	步骤先后顺序正确，符合规范流程	10	
	语言生动有趣，贴близ知识点	10	
	体现团队合作，有创新精神	10	
情景模拟	角色扮演形象逼真	10	
	团队成员配合默契	10	
学习态度	学习态度认真，知识运用能力强	10	
合计		100 分	

任务四　行李遗失处理实训

任务描述

游客的行李丢失一般不会发生，但是发生后的影响极其不好。因此，在整个带团过程中，尤其是在行李容易丢失的几个环节中，你格外细心，及时做好了预防和提醒工作，为游客们带来了一次愉快的旅行。

知识链接

一、行李遗失的处理

（一）在来华途中遗失行李

海外旅游者的行李在来华途中丢失，虽不是导游人员的责任，但也应帮助旅游者查找。

图8-5　行李遗失

（1）导游人员带失主到机场失物登记处办理行李丢失和认领手续。

（2）旅游团（者）在当地游览期间，导游人员要不时打电话询问寻找行李的情况，如果暂时找不到行李，要协助失主购置必要的生活用品。

（3）旅游团（者）离开本地前行李还未找到，导游人员应该帮助失主将接待社的名称、全程旅游线路以及各地可能下榻的酒店名称转告相关航空公司，以便行李找到后及时运往最适宜的地点交还失主。

（4）如行李确系丢失，失主可以向航空公司索赔。

（二）在中国境内遗失行李

旅游者在中国境内旅游期间托运过程中丢失行李，一般是交通部门或行李员的责任，但导游人员应该高度重视并协助查找。

（1）冷静分析情况，找出差错环节。

（2）主动做好失主的思想工作，就丢失行李事故向失主表示歉意，并帮助其解决因行李丢失而带来的生活方面的困难。

（3）与有关方面保持联系，询问寻找进展情况。

（4）如果行李找回，将找回的行李及时归还。如果确定行李已经遗失，则应该由旅行社领导出面向失主说明情况并表示歉意。

（5）帮助失主根据惯例向有关部门索赔。

（6）事后写出书面报告。报告中要写清行李丢失的经过、原因、查找过程及失主和旅游团其他团员的反应等情况。

二、行李遗失的预防

行李容易丢失的几个环节一般是在航空公司托运行李时、行李员交接行李时等，在这几个环节应特别细心一些，做好预防、提醒工作。

任务布置

一、任务名称

行李遗失处理实训。

二、任务准备

1. 场地准备

实训室或户外场地。

2. 物品准备

笔、学习卡片、实训报告书、白板笔、行李、机票、行李牌、照相机、U 盘等。

3. 学生团队组建

请在规定时间内（5 分钟）自行组建 6 个学习小组，每组 6 ~ 8 人，给小组命名，并推选出小组长。

学习小组成员

组名	
组长姓名	
组员姓名	

任务实施

一、实训流程

以小组为单位，分别进行行李遗失的处理实训，并为实训的同学拍照，实训结束后，将照片上传至信息化教学平台，展示实训成果。

二、方法与步骤

学生分组，在教师指导下，进行行李遗失的处理训练。

（一）情景阅读与思考

1. 情景设定

情景设定一：

导游小李在沈阳桃仙国际机场等候，接一个韩国的旅游团，团队抵达后，大部分客人托运的行李都取到了，但是金先生行李就是没有取到。经查证后得知金先生的行李被放上了去上海的航班，请问此时导游小李该如何处理？

情景设定二：

地陪小周带着一个来自中国香港的旅行团在本溪游览。到本溪海航国际酒店入住后，游客李先生来找小周，说其他人的行李都送到房间了，但是自己的行李到现在还没送到房间。请问小周该如何处理？

2. 知识点提示

（1）在来中国内地途中遗失行李。

1）导游协助办理行李丢失和认领手续。

➤ 应带机票、行李牌，详细说明始发站、转运站。

➤ 说清行李件数及丢失行李的规格、形状、颜色、特征等，一一填入失物登记表。

➤ 留下旅客下榻酒店的名称、房间号、电话和联系人姓名。

➤ 记下登记处及相关航空公司办事处的地址、电话，以便联系。

2）导游不时打电话询问行李寻找情况。

3）若离开本地前行李未找到，导游应将接待社的名称、全程旅游线路等转告航空公司，以便行李找到后及时交还失主。

4）如行李确实丢失，失主可以向航空公司索赔。

（2）在中国境内遗失行李。

1）冷静分析情况，找出差错环节。

如果旅游者在出站前领取行李时找不到托运的行李，就有可能是在上一站交接行李或托运过程中出现了差错，应采取以下措施：

➤ 导游带领失主到失物登记处办理行李丢失和认领手续。

➤ 立即向接待社领导汇报，请求协助。

如果旅游团抵达酒店后旅游者找不到行李，问题则可能出在酒店内或本地交接、运送行李的过程中。此时，应采取以下措施：

> 地陪、全陪和领队到客人房间找，看是否酒店行李员送错了房间，或是本团客人拿错了行李。

> 如找不到，则应与酒店行李部取得联系，请其设法寻找。

> 如酒店行李部门仍找不到，地陪应向接待社有关部门报告。

2）主动做好失主的思想工作。

3）与有关方面保持联系，询问寻找进展情况。

4）将找回的行李及时归还。

5）如果确定行李丢失，则应由旅行社领导出面向失主说明情况并表示歉意。

6）帮助失主根据惯例向有关部门索赔。

7）事后写出书面报告。

（二）行李遗失的处理实训成果展示

（1）各小组派代表课上抽签决定需要模拟的情景（其中3个小组模拟在来中国内地途中遗失行李的处理，另外3个小组模拟在中国境内遗失行李的处理，但每个小组课下需要准备两个情景的演示）。

（2）根据设定的情景及知识点提示，各小组分配好角色（游客、全陪、地陪、领队等），完成行李遗失处理的模拟训练。

（3）一组进行情景模拟时，其他小组既可作为观众观看，也可客串游客。

三、评价

（1）小组成员之间相互评价，总结实训过程中的优点和缺点。

（2）教师点评。教师从一个新的高度，对学生的实训过程进行全面的评价，肯定学生的实训成绩和效果，并指出不足之处。

四、修改完善

根据同学互评、教师点评，完善实训成果。

任务评价

实训考核评价表

被考评人		实训地点	
评级内容	行李遗失处理实训		
项目	要求细则	分值	得分
仪容仪表	着装符合导游人员的整体形象要求	10	
	容貌修饰得体	10	
	微笑服务，礼貌待人	10	
情景模拟	遇到问题反应迅速、及时	20	
	处理问题方法正确、灵活	20	
	角色扮演形象逼真	10	
	语言生动，贴合知识点	10	
学习态度	学习态度认真，知识运用能力强	10	
	合计	100	

任务五　游客走失处理实训

任务描述

在参观、游览或自由活动时，旅游团中游客走失的情况时有发生，游客走失不仅会影响游客的情绪，严重时还会影响旅游计划的完成，甚至危及走失游客的生命和财产安全。向来责任心强的你，一路上工作周到细致，防止了此类事故的发生。

知识链接

一、游客走失的处理

图8-6　游客走失

（一）旅游者在游览活动中走失

1. 了解情况，迅速寻找

导游人员应立即向其他游客、景点工作人员和其他人员了解情况，迅速寻找，一般情况下是全陪、领队分头去找，地陪带领其他游客继续游览。

2. 争取有关部门的协助

若一时找不到，导游人员应立即向游览地派出所或管理部门报告，请求他们帮助寻找。

3. 与酒店联系

在寻找过程中，导游人员可与酒店的前台、楼层服务台联系，请他们注意走失者是否已经回到酒店。

4. 向旅行社报告

经过认真寻找，仍未找到走失者，导游人员应打电话向旅行社报告，并请求帮助，必要时可报案。

5. 做好善后工作

找到走失的旅游者后，导游人员首先应安慰旅游者，然后分析走失原因，如果责任在导游，则应向其赔礼道歉；如果责任在旅游者本人，则应婉转地提出善意的批评，讲清利害关系，提醒旅游者注意，以后不再重犯。

6. 写出书面报告

若属严重走失事故，导游人员要写出书面报告，详述旅游者走失的经过、寻找经过、走失原因、善后处理情况、旅游者的反映等。从中吸取教训，以防此类事故再次发生。

（二）旅游者在自由活动中走失

1. 立即报告旅行社，请求指示和帮助

导游人员在得知游客走失时，应先用手机联系，若无法联系应立即报告旅行社，请求指示和帮助。通过有关部门向公安局管区派出所报案。

2. 做好善后工作

走失者回到酒店，导游人员应表示高兴，问明情况，提出善意批评，但不必过多指责，可以此来提醒其他游客引以为戒，避免走失事故再次发生。

如果旅游团体离开本地时，仍未找到走失的游客，一方面由旅行社派专人负责有关寻找工作，与公安机关保持密切联络；另一方面请旅行社有关部门与下一站联络，请对方注意走失的游客是否已自行前往有关酒店或已打电话给下一站接待社。

3. 写出书面报告

若属严重走失事故，导游人员要写出书面报告，详述旅游者走失的经过、寻找经过、走失原因、善后处理情况、旅游者的反映等。

二、游客走失的预防

（1）做好提醒工作。

（2）做好各项活动的安排和预报。

（3）时刻和游客在一起，经常清点人数。

（4）地陪、全陪和领队要密切配合。

（5）导游人员要以高超的导游技巧和丰富的讲解内容吸引游客。

任务布置

一、任务名称

游客走失处理实训。

二、任务准备

1. 场地准备

实训室或户外场地。

2. 物品准备

笔、学习卡片、实训报告书、白板笔、扩音器、手机、照相机、U 盘等。

3. 学生团队组建

请在规定时间内（5分钟）自行组建6个学习小组，每组6~8人，给小组命名，并推选出小组长。

学习小组成员

组名	
组长姓名	
组员姓名	

任务实施

一、实训流程

以小组为单位，分别选择实训室或户外场地，进行游客走失的处理实训，并为实训的同学拍照，实训结束后，将照片上传至信息化教学平台，展示实训成果。

二、方法与步骤

学生分组，在教师指导下，进行游客走失的处理训练。

（一）情景阅读与思考

1. 准备与要求

（1）根据所学知识，发挥想象力，对下面情景内容进行补充。

（2）情节力求简洁明了，不在细节上花费过多时间。

（3）语言生动贴合知识点，注重发挥学生的主观能动性。

2. 情景设定与补充

情节：广州某旅行社组织的旅游团到辽宁旅游，在游览本溪关门山国家森林公园时，地陪下车前给游客讲清了在景点游览的时间、上车的时间和地点、车号。

对话：（地陪）"现在我们已经到达了关门山国家森林公园的停车场，请各位牢记在这个景点的停留时间和游览结束后的集合时间。现在是下午2点，我们在这里的停留时间是4小时，也就是说下午6点我们要在这里集合。我们大巴车的型号是中型大巴，车牌号是A186，颜色是绿色。"

（游客们）"好的。"

情节：下车后，地陪把全体游客带到关门山国家森林公园的游览示意图前，介绍游览路线，还特别强调大家要紧跟团队，切勿单独行动。

对话：（地陪）"我们这次游览的线路是：小黄山入口—木兰

谷—五彩湖—枫之海—好汉坡—龙脊岭—通天门，最后再回到小黄山入口，关门山国家森林公园面积很大，游览中大家一定要紧跟团队，切勿单独行动。"

（游客们）"好的。"

情节：全陪又用粤语复述了一遍，并强调大家跟着团队游览，不要掉队，万一走失要在原地等候。

对话：（全陪）……

（游客们）……

情节：李先生16岁的儿子李林酷爱摄影，到达枫之海后，被沿路的风光吸引，为了拍照，落在了团队后面。大家游览完好汉坡准备前往龙脊岭时，李先生才发现儿子没有跟上来，电话也打不通，导游到处寻找也找不到。

对话：（李先生）……

（地陪）……

（全陪）……

情节：地陪打电话回酒店询问，得知客人也没有回去。最后决定，全陪和李先生分头去找，地陪带领其他游客继续下面的游览。

对话：（地陪）……

（酒店前台人员）……

（全陪）……

（李先生）……

情节：李先生的儿子李林被优美的风景所吸引，等拍完照后才发现自己脱离了团队，又迷了路，更倒霉的是手机也没电了。走了半个多小时后他终于找到了与大家分开的地方枫之海，并且借用路过游客的电话与父亲取得了联系。

对话：（李林）……

（李先生）……

情节：李先生叫儿子原地等候，并与全陪取得联系，告知李林已联系上，两人共同去枫之海找他。走失的李林终于找到了。

对话：（李先生）……

（李林）……

（全陪）……

（地陪）……

（二）游客走失的处理实训成果展示

各小组根据自己对设定情景的补充，分配好角色（全陪、地陪、李先生、李林、游客、司机、酒店前台人员等），完成游客走失处理的模拟训练。

三、评价

（1）小组成员之间相互评价，总结实训过程中的优点和缺点。

（2）教师点评。教师从一个新的高度，对学生的实训过程进行全面的评价，肯定学生的实训成绩和效果，并指出不足之处。

四、修改完善

根据同学互评、教师点评，修改完善实训成果。

任务评价

实训考核评价表

被考评人		实训地点	
评级内容	游客走失处理实训		
项目	要求细则	分值	得分
仪容仪表	着装符合导游人员的整体形象要求	10	
	容貌修饰得体	10	
	微笑服务，礼貌待人	10	

续表

	剧情简洁明了，涉及知识点丰富	10	
剧情补充	处理问题的方法正确、灵活	10	
	语言生动有趣，贴合知识点	10	
	体现团队合作，有创新精神	10	
情景模拟	角色扮演形象逼真	10	
	团队成员配合默契	10	
学习态度	学习态度认真，知识运用能力强	10	
	合计	100	

任务六　游客患病、死亡问题处理实训

任务描述

离开常住地，到一个陌生的环境去旅游，游客常会因水土不服或自身的缘故而生病。你深知游客患病问题的严重性，因此，在带团初期你详细了解了游客的健康状况，游览中妥善安排各项活动日程，并做好提醒、预报工作，保证了旅游团成员的安全，得到了大家的一致好评。

知识链接

一、游客患病、死亡问题的处理

（一）游客患一般疾病的处理

（1）劝患病游客及早就医并多休息。游客患一般疾病时，导游应劝其及早去医院看病，并留在酒店内休息，如需要，应陪同游客前往医院就医。

（2）关心游客的病情。如果旅游者留在酒店休息，导游员应前去询问身体状况并安排好用餐，必要时可通知餐厅为其提供送餐服务。

（3）向旅游者讲清看病费用自理。

（4）严禁导游人员擅自给患者用药。

图 8-7 游客患病

（二）游客患重病的处理

1. 旅游者患重病的处理

（1）在旅途中旅游者突然患重病，导游人员应在所乘交通工具上寻找医生，先就地采取措施抢救，并通知下一站急救中心和旅行社准备抢救。

（2）若游客在乘旅游车前往景点途中突然发生重病，应拨打120，请急救中心前来救治，或者立即将其就近送往医院，或拦车或让旅行车先开往医院；还应及早通知旅行社，请求指示和派人协助。

（3）若游客在参观游览时突患重病，不要搬动患病游客，让其坐下或躺下，立即拨打120叫救护车，向景点工作人员或管理部门请求帮助，并及时向旅行社报告。

（4）若游客在酒店时患重病，应先由酒店医务室抢救，然后送往医院。

2. 游客病危时的处理

（1）导游人员应立即协同领队和患者亲友送病人去急救中心或医院抢救，或请医生前来抢救。

（2）患者若是国际急救组织的投保者，还应提醒领队及时与该组织的代理机构联系。

（3）患者在抢救过程中应注意以下问题：①导游人员应要求领队或患者亲友在场，并详细记录患者患病前后的症状及治疗情况。②需要签字时，导游人员应请患者亲属或领队签字。③应随时向当地接待社反映情况。

（4）若患者病危，其亲属不在身边时应注意以下问题：①导游人员应提醒领队及时通知患者亲属，若患者亲属系外籍人士，应提醒领队通知所在地使领馆。②患者亲属到来后，导游人员应协助其解决生活方面的问题。③若找不到亲属，一切按使领馆的书面意见处理。

3. 患者转危为安，但仍需住院治疗，不能随团离境时

（1）旅行社的领导和地陪要不时去医院探望患者。

（2）帮助患者办理分离签证、延期签证以及出院、回国手续及交通票证等善后事宜。

4. 有关费用的规定

（1）患者住院及医疗费用自理。

（2）患者离团住院时未享受的综合服务费，由旅行社之间结算，按规定退还本人。

（3）患者亲属在华期间的一切费用自理。

5. 对同旅游团其他旅游者的处理

导游人员同时应继续按行程安排旅游团其他旅游者的活动，全陪继续随团活动。

（三）游客死亡的处理

在旅游过程中，发生游客死亡，导游人员应镇定自若，并按如下程序处理：

1. 保留现场

一旦发现游客死亡，一定要保护好现场，以便查明死因。

2. 向旅行社报告

导游人员保护现场的同时，要及时报告旅行社领导，由旅行社领导出面组织善后工作。

3. 立即通知死者亲属

如果死者亲属不在身边，应立即通知其亲属，如死者亲属系外籍人士，应提醒领队或经外事部门尽早通知死者所属国驻华使领馆。

4. 开具证明

导游人员应协助旅行社领导办妥有关证明，如"抢救经过报告""死亡证明书"或"死亡鉴定书"，并由主治医生签字后盖章复印，分别交给死者亲属、领队和旅行社。

5. 清点遗物

清点遗物，必须由死者亲属或领队、全陪或所属国驻华使领馆人员和接待社代表共同进行。清点完毕后，要列出清单，由清点人员逐一签字，并办理公证手续，一式数份。

6. 遗体的处理

遗体一般以在当地火化为宜，火化前，应由死者亲属或领队，或所在国家驻华使领馆出具"火化申请书"并签字。

死者遗体由领队、死者亲属护送火化后，将"火化证明书"交给领队或死者亲属，我国民政部门发给对方携带骨灰出境证明。各事项的办理，我方应予以协助。

若死者亲属要求将遗体运回国，除需办理上述手续外，还需有医院对尸体进行防腐处理，并办理"尸体防腐证明书""装殓证明书"以及检疫机关出具的"外国人运送灵柩（骨灰）许可证""尸体棺柩出境许可证"，方可将遗体运出境。

二、游客患病的预防

1. 了解旅游团成员的健康状况

（1）通过研究接待计划，了解本团成员的年龄结构及身体状况。

（2）通过领队了解团内有无需要照顾的患病游客。

（3）通过察言观色对身体肥胖、动作缓慢、瘦弱、费力、面部表情和举止异常的游客多关心，预防突发疾病的发生。

2. 周密安排游览活动

（1）在制订计划、安排活动日程时要留有余地，做到劳逸结合。

（2）同日参观游览的项目不能太多，体力消耗大的项目不要集中安排。

（3）晚间活动安排的时间不宜过长。

3. 做好提醒、预报工作

（1）根据当天的天气预报，提醒游客增减衣服、携带雨具、穿戴适宜的鞋帽。

（2）提醒游客注意饮食卫生，不吃不洁食品，不喝生水。

（3）气候干燥或在盛夏时，提醒游客多喝水；适当调整游览时间，以保证游客有充足的休息时间。

任务布置

一、任务名称

游客患病、死亡问题处理实训。

二、任务准备

1. 场地准备

实训教室。

2. 物品准备

笔、学习卡片、实训报告书、白板笔、扩音器、导游旗、电话、急救箱、照相机、U 盘等。

3. 学生团队组建

请在规定时间内（5 分钟）自行组建 6 个学习小组，每组 6～8 人，给小组命名，并推选出小组长。

学习小组成员

组名	
组长姓名	
组员姓名	

任务实施

一、实训流程

以小组为单位，分别进行游客患病的处理实训，并为实训的同学拍照，实训结束后，将照片上传至信息化教学平台，展示实训成果。

二、方法与步骤

学生分组，在教师指导下，进行游客患病的处理训练。

（一）情景阅读与思考

1. 情景设定

情景设定一：

地陪小李带一个从上海来的团队游览五女山，快要走完五女山景区时，一位游客突然胸痛，面色苍白，口唇青紫，大汗淋漓，呼吸困难，请问此时地陪小李该如何处理？

情景设定二：

地陪小周带着一个来自中国香港的旅行团在本溪水洞游览，游览完在返回酒店的途中，一位老先生突然出现头痛、眩晕、呕吐等症状，请问小周该如何处理？

2. 知识点提示

（1）判断是何种疾病。①通过症状判定情景一中游客所患疾病为急性心肌梗塞。②通过症状判定情景二中游客所患疾病为急性脑梗塞和脑溢血。

（2）不同疾病的处理方法。

急性心肌梗塞的处理：①立即与急救中心或医院联系。②在医务人员到来之前，应让患者平卧休息。③有呼吸困难时，上身可垫高（半卧位），不要变换体位或挪动。④安慰患者，使其尽量避免紧张和用力。⑤请患者亲友或领队尽快在游客口袋或行李中寻找游客自备急救药品（有病史者，通常会自备急救药品）。⑥密切观察病者的脉搏和呼吸。⑦忌背或抱着患者去医院，要等患者病情稳定后方可挪动患者去医院。

急性脑梗塞和脑溢血的处理：①应立即让患者平躺。②上身稍垫高，保持安静。③头部偏向一侧，以防止呕吐时误吸胃内容物引起窒息。④出现昏迷时要取出腔内假牙，保持呼吸道畅通。⑤尽快送医院。

（二）游客患病的处理实训成果展示

根据设定的情景及知识点提示，各小组分配好角色（游客、全陪、地陪等），完成上面两个情景中游客患病处理的模拟训练。

三、评价

（1）小组成员之间相互评价，总结实训过程中的优点和缺点。

（2）教师点评。教师从一个新的高度，对学生的实训过程进行全面的评价，肯定学生的实训成绩和效果，并指出不足之处。

四、修改完善

根据同学互评、教师点评，完善实训成果。

任务评价

实训考核评价表

被考评人		实训地点	
评级内容	游客患病、死亡问题处理实训		
项目	要求细则	分值	得分
仪容仪表	着装符合导游人员的整体形象要求	10	
	容貌修饰得体	10	
	微笑服务，礼貌待人	10	
情景模拟	遇到问题反应迅速、及时	20	
	处理问题方法正确、灵活	20	
	角色扮演形象逼真	10	
	语言生动，贴合知识点	10	
学习态度	学习态度认真，知识运用能力强	10	
合计		100	

任务七 交通事故处理实训

任务描述

在旅游过程中，交通事故的发生是重大事故。为了避免此类事故的发生，作为导游的你在带团过程中，严格按照规定，选择车况好且司机驾驶技术高的旅游车，并不时地做提醒工作，配合司机保证了交通的安全。

知识链接

一、交通事故的处理

1. 立即组织抢救

发生交通事故时，导游员应立即组织现场人员抢救受伤的旅游者，特别是重伤员；如不能就地抢救，应立即将伤员送往距出事地点最近的医院抢救。

2. 保护现场，立即报案

事故发生后，应设法保护现场，并迅速通知交通、公安部门（交通事故报警电话：122），请求尽快派人来现场调查处理。

3. 迅速向旅行社报告

将受伤旅游者送往医院后，导游员应迅速向接待社领导报告，讲清交通事故的发生及旅游者的伤亡情况，听取领导对事故的处理意见和指示。

4. 做好安抚工作

交通事故发生后，导游员要做好团内其他旅游者的安抚工作，力争按计划继续进行参观游览活动。待事故原因查明后，导游员应向旅游者说明情况和处理结果。

5. 写出书面报告

交通事故处理结束后，导游员应立即写出书面报告，内容包括：事故的原因和经过，抢救过程及治疗情况，事故责任及对责任者的处理结果，旅游者特别是受伤者对处理的反应等。报告要力求详细、准确、清楚，最好和入境领队联名。

二、交通事故的预防

图 8-8 安全行驶

（1）行车过程中导游员不要与司机聊天，以免分散司机的注意力。

（2）安排游览日程时，导游员在时间上要留有余地，避免造成司机为抢时间、赶日程而违章超速行驶，更不能催促司机开快车。

（3）如果天气恶劣，导游员可适当调整日程安排；如遇道路不安全情况，可调整行程。导游员要主动提醒司机谨慎驾驶，把安全放在第一位。

（4）阻止非本车司机开车，提醒司机在工作期间不要饮酒，如遇司机酒后驾车，导游员要立即阻止，并向领导汇报，请求改派其他车辆或调换司机。

（5）提醒司机经常检查车辆，如果发现事故隐患，要及时提出换车建议。

任务布置

一、任务名称

交通事故处理实训。

二、任务准备

1. 场地准备

实训教室。

2. 物品准备

笔、学习卡片、实训报告书、白板笔、翻页笔、计算机、照相机、U 盘等。

3. 学生团队组建

请在规定时间内（5 分钟）自行组建 6 个学习小组，每组 6~8 人，给小组命名，并推选出小组长。

学习小组成员

组名	
组长姓名	
组员姓名	

任务实施

一、实训流程

以小组为单位，分别进行交通事故的处理实训，并为实训的同学拍照，实训结束后，将照片上传至信息化教学平台，展示实训成果。

二、方法与步骤

学生分组，在教师指导下，进行关于交通事故处理的调查报告讲解训练。

（一）调查内容与要求

1. 调查内容

（1）不同旅行社处理交通事故的程序与方法。

（2）不同旅行社预防交通事故的方法。

（3）处理交通事故过程中最棘手的问题及解决策略。

2. 调查要求

（1）学生通过网络调研的方式，认真搜集资料，仔细分析，做好记录。另外，还可根据需要增加其他内容。

（2）调查数据真实有效，不能弄虚作假。

（3）各小组全员参与，合理分工。

（二）交通事故的处理实训成果展示

（1）每组提交一份调查报告，并选定一名代表向大家讲解展示。

（2）小组中其他成员可根据讲解需要，对内容进行必要的演示。

三、评价

（1）小组成员之间相互评价，总结实训过程中的优点和缺点。

（2）教师点评。教师从一个新的高度，对学生的实训过程进行全面的评价，肯定学生的实训成绩和效果，并指出不足之处。

四、修改完善

根据同学互评、教师点评，完善实训成果。

任务评价

实训考核评价表

被考评人		实训地点	
评级内容	交通事故处理实训		
项目	要求细则	分值	得分
仪容仪表	着装符合导游人员的整体形象要求	10	
	容貌修饰得体	10	
调查报告架构设计	结构合理	10	
	分析深入	10	
	见解新颖	10	
调查报告讲解展示	报告内容正确、丰富	10	
	讲解流畅、姿态大方	10	
	语言生动，贴合知识点	10	
	必要演示形象逼真	10	
学习态度	学习态度认真，知识运用能力强	10	
合计		100	

任务八　火灾事故处理实训

任务描述

酒店、景点、娱乐和购物场所等发生火灾，都会威胁到游客生命和财产安全。你深知火灾事故影响重大，因此，每次带团前你都会巩固火灾避难和救护的知识，熟悉常用防火设施的使用方法；在带团过程中，每到一处下榻的酒店，你都会了解酒店的安全出口、安全楼梯的位置等，保证游客的安全。

知识链接

一、火灾事故的处理

1. 立即报警

发现着火，立即拨打火警电话 119，准确说明失火地点。

2. 安全撤离

迅速通知领队及全团游客，听从工作人员的统一指挥，迅速通过安全通道及安全出口疏散游客，使其转移到安全地点。

3. 引导自救

导游人员要镇定地判断火情，引导游客自救。着火时，千万不要让游客搭乘电梯或随意跳楼。

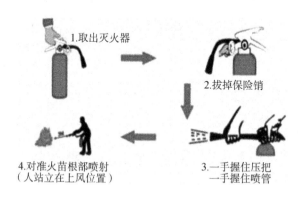

图 8-9 灭火器的使用方法

4. 做好善后工作

（1）游客撤离火灾现场后，导游人员要设法将自己旅游团的成员集合在一起。

（2）如有游客受伤，应立即抢救伤员；如有重伤者则应立即送往医院；如有游客死亡，须按有关规定处理。

（3）采取措施稳定游客的情绪，解决因火灾造成的游客生活方面的困难，设法使旅游活动继续进行。

5. 写出书面报告

导游人员应向旅行社报告有关情况，请求领导指示，处理好相关事宜，事后要写出翔实的书面报告。

二、火灾事故的预防

1. 必要的提醒

导游人员应提醒游客不要携带易燃、易爆物品；不乱扔烟头和火种；不在床上吸烟；不在客房内使用大功率电器。

2. 熟悉酒店安全通道

入住酒店后，导游人员要熟悉所在酒店楼层的安全出口、安全楼梯的位置，并向游客详细介绍；提醒游客熟悉客房门上贴的安全路线示意图（防火逃生图），明确安全转移的路线；提醒游客特别注意：发生火灾时，千万不要乘坐电梯，只能从安全通道逃生。

3. 牢记报警电话

导游人员应该牢记报警电话（火警电话：119），掌握领队及全团成员的房间号码，以便发生火灾时报警及组织全团游客安全撤离。

任务布置

一、任务名称

火灾事故处理实训。

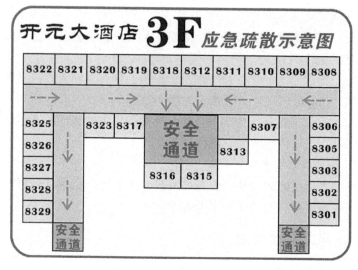

图 8 – 10　安全路线示意图

二、任务准备

1. 场地准备

实训室或户外场地。

2. 物品准备

笔、学习卡片、实训报告书、白板笔、灭火器、被褥、浸湿的衣物、电话、照相机、U 盘等。

3. 学生团队组建

请在规定时间内（5 分钟）自行组建 6 个学习小组，每组 6 ~ 8人，给小组命名，并推选出小组长。

学习小组成员

组名	
组长姓名	
组员姓名	

任务实施

一、实训流程

以小组为单位，分别进行火灾事故的处理实训，并为实训的同学拍照，实训结束后，将照片上传至信息化教学平台，展示实训成果。

二、方法与步骤

学生分组，在教师指导下，进行火灾事故的处理训练。

（一）情景阅读与思考

1. 情景设定

导游小刘带领某北京旅游团一行 20 人到本溪旅游，在本溪海航国际酒店入住。为了保障游客的安全，入住前，小刘给游客们讲了一系列的注意事项。但不幸的是，旅游团中的李先生睡觉前将没有完全熄灭的烟头放进垃圾桶而引发火灾，当李先生从睡梦中醒来时大火已经将门封住，并开始有烟冒出，门外隐约有嘈杂声传来。请问此时李先生该如何自救？导游小刘该怎样做？

2. 知识点提示

（1）李先生自救方法：①立即拨打火警电话 119 报警。②如果身上着火，可就地打滚或用厚重衣物压灭火苗。③必须穿过浓烟时，用浸湿的衣物披裹身体，捂住口鼻，贴近地面顺墙爬行。④大火封门无法逃出时，可用浸湿的衣物、被褥堵塞门缝或泼水降温，等待救援。⑤见到消防队来灭火时，在窗口摇动色彩鲜艳的衣物呼唤救援人员。

（2）导游小刘处理方法：①立即拨打火警电话 119 报警。②迅速通知领队及全团游客，听从工作人员的指挥转移到安全地点。③镇定地判断火情，引导游客自救。劝阻游客搭乘电梯或随意跳楼。④游客得救后，立即配合救援人员抢救伤员，立即将重伤者送往医院。⑤事后写出翔实的书面报告。

（二）火灾事故的处理实训成果展示

根据设定的情景及知识点提示，各小组分配好角色（全陪、地陪、李先生、其他游客、酒店工作人员等），完成火灾事故处理的模拟训练。

三、评价

（1）小组成员之间相互评价，总结实训过程中的优点和缺点。

（2）教师点评。教师从一个新的高度，对学生的实训过程进行全面的评价，肯定学生的实训成绩和效果，并指出不足之处。

四、修改完善

根据同学互评、教师点评，完善实训成果。

任务评价

实训考核评价表

被考评人		实训地点	
评级内容	火灾事故处理实训		
项目	要求细则	分值	得分
仪容仪表	着装符合导游人员的整体形象要求	10	
	容貌修饰得体	10	
	微笑服务，礼貌待人	10	
情景模拟	遇到问题反应迅速、及时	20	
	处理问题方法正确、灵活	20	
	角色扮演形象逼真	10	
	语言生动，贴合知识点	10	
学习态度	学习态度认真，知识运用能力强	10	
	合计	100	

任务九　其他突发情况处理实训

任务描述

旅游过程中，各种各样的情况都有可能发生，你深知这些意料之外的情况的发生，不仅需要你具备丰富的导游知识、万全的准备，更需要你具备较强的应变能力和临场发挥能力，为此，你专门查找了丰富的资料，在导游过程中不断提醒游客文明旅游，以减少意外情况的发生。

知识链接

一、游客向导游员借钱

在旅游途中，游客向导游员借钱的事情时有发生，如何帮助游客解决这一实际困难，同时又要防止卷入因借钱而产生的麻烦或造成自己的经济损失，这是导游员应该注意的。

（1）一般来说，借钱的行为是在双方有了一定的了解和熟悉的基础上产生的，游客向导游员借钱也正说明了这一点，但导游员毕竟对游客不是十分了解。因此，在与游客打交道的过程中，尽量不与游客在钱财上有交往和借还关系。

（2）明确游客借钱的用途和数目大小。假如借钱数目大，而实际购买的东西或消费又没多大时，导游员应该婉言拒绝。假如游客确实需要，那么导游员要给予帮助，在借给游客钱的时候，最好有不属于团里游客的第三者在场，所借钱款数目比较大时还须有必要的手续，以免发生不愉快的事情。

（3）留意对借钱款的消费用途，必要时要做好游客的"顾问"

和"参谋"。

(4) 要做好收回借款的工作，讲究方式方法。

二、吃自助餐

吃自助餐时，带队导游要提醒相关注意事项，尽量避免突发情况的发生。

(1) 提醒游客注意用餐礼仪，有序就餐，避免高声喧哗干扰他人。

(2) 引导游客就餐时适量点用，避免浪费。

(3) 要提醒游客自助餐区域的食物、饮料不能带离就餐区。

(4) 提醒就餐时需抽烟的游客要到指定区域，如就餐区禁烟的，应遵守相关规则。

图 8 – 11　自助餐

三、文明旅游

在团队旅游过程中，导游和领队对游客进行文明旅游的提示和劝阻是非常有必要的，可以很大程度地减少不文明行为的发生，从而降低突发事件的发生概率。

1. 将文明旅游的内容融合在讲解词中，进行提醒和告知

（1）不随地吐痰、不吵闹喧哗、礼貌待人、举止文雅、维护公共秩序。

（2）理性、诚信消费，遵守购物场所规范，保持购物场所秩序。

（3）安全、有序、文明、理性参与娱乐活动，文明娱乐、遵守秩序。

（4）爱护环境、节约水电、不乱扔乱放废弃物。

（5）旅游目的地的法律法规、宗教信仰、风俗禁忌、礼仪规范等内容。

2. 提醒旅游者遵守游览场所规则，依序文明游览

（1）在自然环境中游览时，提示旅游者爱护环境、不攀折花草、不惊吓伤害动物，不进入未开放区域。

（2）观赏人文景观时，提示旅游者爱护公物、保护文物，不攀登骑跨或乱写乱刻。

（3）在参观博物馆、教堂等室内场所时，提示旅游者保持安静，根据场馆要求规范使用摄影摄像设备。不随意触摸展品。

（4）游览区域对旅游者着装有要求的（如教堂、寺庙、博物馆、皇宫等），导游领队应提前一天向旅游者说明，提醒准备。

（5）提醒旅游者摄影摄像时先后有序，不妨碍他人。如需拍摄他人肖像或与他人合影，应征得同意。

任务布置

一、任务名称

突发情况处理实训。

法国前总统希拉克曾说过 世界上有七大奇迹

图 8 - 12 文明旅游

二、任务准备

1. 场地准备

校园内、户外或模拟实训室。

2. 物品准备

笔记本、笔、扩音器、学习卡片、实训报告书、白板笔、胶水、照相机、麦克风、U 盘、彩笔等。

3. 学生团队组建

请在规定时间内（5 分钟）自行组建 6 个学习小组，每组 6~8人，给小组命名，并推选出小组长。

学习小组成员

组名	
组长姓名	
组员姓名	

任务实施

一、实训流程

学生在教师指导下，按要求进行小游戏"我希望×××回答下一个问题"。

二、方法与步骤

（一）任务分配

1. 任务流程

（1）教师将打印好的实训任务单发放给学生。

（2）学生围坐一起，针对任务单上的问题进行思考和讨论，限时 10 分钟。

（3）教师请班长回答第一道问题，回答问题时，要求：①除借鉴课本知识外，应有自己的见解。②其他学生可就这个问题自由补充意见。③每回答完成一个问题，教师进行总结和评价。

（4）第一道问题结束之后，班长以"我希望×××回答下一个问题"为开始，请另一个学生回答下一个问题，如此轮流，回答问题的学生不能重复，请全班同学参与并完成任务单上的问题。班长做相关记录。

2. 实训任务单

实训任务单

当你遇到如下情况，你应该如何处理？请给出具体的回答：

如吃自助餐时，看到一名游客拿取了很多玫瑰慕斯，发现吃不完又想偷偷放回原处。

你："王先生，玫瑰慕斯还对您的口味吧，您这两份吃不完的话，可以分给我和您的朋友吃，如果把它们放回去，被服务员发现会罚款的。"

(1) 旅游团中有一名游客不停地咳嗽，然后随口吐痰到地上。

(2) 入住酒店时，一群游客在酒店大厅大声喧哗，非常吵闹。

(3) 用餐时，一名游客准备抽烟。

(4) 一名游客说忘记带钱了，但是很想买这个根雕，向你借钱。

(5) 排队进入旅游景点时，游客们争先恐后，导致拥挤在一起。

(6) 有一名游客在购物点已经买了一些物品，但是还是看到什么都想买。

(7) 在参观关门山国家森林公园时，一名游客看到漂亮的花，想要采摘。

(8) 一名游客将香蕉皮扔在了景区路上。

(9) 几名游客在观看音乐会时，交头接耳，轻声打闹。

(10) 参观博物馆时，一名游客总是去摸展品。

(11) 自助餐结束后，一名游客因为浪费了太多食物，餐厅要罚款。

(12) 上旅游车时，有游客想要插队先上车抢一个他喜欢的座位。

(13) 第一天游览结束后，一名游客晚了10分钟才到达集合登车的地点。

(14) 家长带着一位小朋友在景区草地上小便，未被景区管理人员发现。

(15) 今天的旅游行程安排了大雅河漂流，在到达景区前，你决定再次提醒游客相关注意事项。

(16) 你带领旅游团到自助餐厅就餐，进门前，你提醒注意事项。

(17) 参观本溪水洞景区时，一名游客想要在钟乳石上刻字。

(18) 一名游客非常粗鲁地对待酒店服务人员。

(19) 观看皮影戏表演时，一名游客不断打开手机闪光灯拍照。

(20) 一名游客找你借了50块钱，旅游行程即将结束，你需要找他收回借款。

(21) 有几名游客想参观还未开放的景区。

(22) 旅游团里一名游客在房间里把电视音量调到很大，影响了隔壁房间游客的休息。

(23) 一名游客在购物时与商店服务员发生争执。

(24) 一名游客因不懂得旅游地的风俗禁忌，与当地原住民发生口角。

(25) 一名游客买了古玩字画，打算带上飞机。

(26) 一名游客找你借5000元。

(27) 旅游车正行驶在路上，有一名游客突然说自己非常想去厕所。

(28) 在动物园游览时，几名游客喜欢冲动物吼叫，以吓唬动物为乐。

(29) 参观博物馆时，几名游客违反博物馆不允许拍照的规定，不断拿起手机拍照。

(30) 一名游客爬上雕塑照相。

注：无标准答案，注重个人应变能力及处理问题能力的临场发挥。

（二）茶话会活动

学生按任务流程分组进行讨论、问题解答，一人进行解答时，其他学生对问题进行补充、提问和互动。

三、评价

（1）学生之间相互评价，总结实训过程中的优点和缺点。

（2）教师点评。教师从一个新的高度，对学生实训过程进行全面的评价，肯定学生的实训成绩和效果，并指出不足之处。

四、修改完善

根据同学互评、教师点评，修改完善实训成果。

任务评价

实训考核评价表

被考评人		实训地点	
评级内容	其他突发情况处理实训		
项目	要求细则	分值	得分
仪容仪表	着装符合导游人员的整体形象要求	10	
	容貌修饰得体	10	
	微笑服务，礼貌待人	10	
任务实施	积极主动回答问题，参与讨论	15	
	问题解答正确，处理问题方法得当，符合流程及规定	15	
	语言表达能力强，体现个人应变及处理问题能力	15	
	有个人独到的见解	15	
学习态度	学习态度认真，知识运用能力强	10	
合计		100	

附　录

附录一　地陪导游服务流程

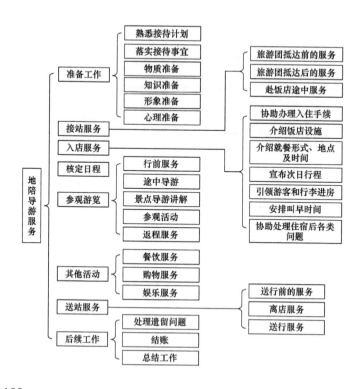

附录二　全陪导游服务流程

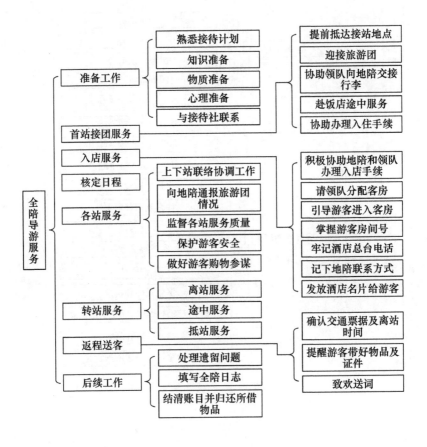

附录三 出境旅游领队导游服务流程

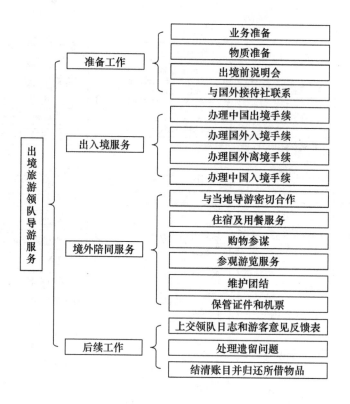

附录四　景区景点导游服务流程

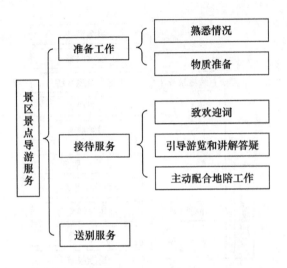

附录五 散客导游服务流程

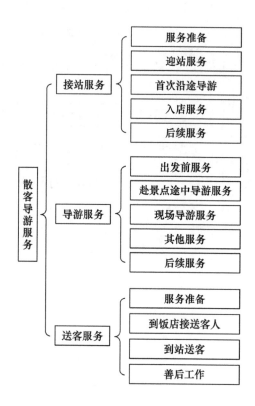

散客导游服务

- 接站服务
  - 服务准备
  - 迎站服务
  - 首次沿途导游
  - 入店服务
  - 后续服务
- 导游服务
  - 出发前服务
  - 赴景点途中导游服务
  - 现场导游服务
  - 其他服务
  - 后续服务
- 送客服务
  - 服务准备
  - 到饭店接送客人
  - 到站送客
  - 善后工作

参考书目

［1］王雁．导游实务［M］．高等教育出版社，2015.

［2］唐由庆．导游业务（第二版）［M］．高等教育出版社，2009.

［3］仲涛，马萍，王玲．导游业务［M］．旅游教育出版社，2016.

［4］刘伟．导游语言技巧［M］．高等教育出版社，2015.

［5］全国导游资格考试统编教材专家编写组．导游业务（修订版）［M］．中国旅游出版社，2017.

［6］赵明，袁浩铺，刀丽，杨亚娜．模拟导游［M］．旅游教育出版社，2012.

［7］朱红霞．新编导游业务实训教程［M］．浙江大学出版社，2012.